Soft Skills

Das Kienbaum Trainingsprogramm

Rainer Niermeyer

Haufe Mediengruppe
Freiburg · Berlin · München

Inhaltsverzeichnis

Vorwort

Fachwissen ist für eine Karriere unverzichtbar. Aber Fachwissen allein genügt nicht. Weil der Geschäftserfolg heutzutage wesentlich davon abhängt, ob ein Unternehmen gut funktionierende Beziehungen zu Mitarbeitern, Geschäftspartnern und Kunden aufbauen kann, benötigen Führungskräfte neben fachlichen Kenntnissen noch etwas anderes: gut entwickelte Soft Skills. Mit diesem Begriff sind die „weichen Fähigkeiten und Fertigkeiten" gemeint, die immer dann benötigt werden, wenn es um die Gestaltung einer effektiven Kommunikation und Zusammenarbeit geht. Soft Skills sind Schlüsselqualifikationen. Dabei handelt es sich um persönliche Eigenschaften, Fähigkeiten und Einstellungen, die dafür sorgen, dass zwischenmenschliche Beziehungen erfolgreich funktionieren.
Die Berater der Kienbaum-Unternehmensberatung stellen in ihrer täglichen Arbeit immer wieder fest, wie wichtig Soft Skills für den Erfolg einer Führungskraft sind. Vorgesetzte, die mit Druckmitteln, Ellenbogen oder Geld allein ihre Mitarbeiter zu Hochleistungen anspornen will, scheitern meist: Das Arbeitsklima verschlechtert sich, gute Mitarbeiter schauen sich alsbald nach einer anderen Stelle um, Kunden fühlen sich schlecht betreut und kaufen woanders. Hingegen sind Führungskräfte, die ein Gespür für die Motive und Wünsche ihrer Mitarbeiter und Kunden haben, wesentlich erfolgreicher. Sie besitzen Menschenkenntnis und verfügen über Verhandlungsgeschick. Sie finden bei Konflikten die richtigen Worte. Sie wissen, wie sie ihre Mitarbeiter fordern, fördern und begeistern können. Solche Führungskräfte haben das, was man soziale und Emotionale Intelligenz (EQ) nennt. Sie können sich auf Menschen und Situationen einstellen und wählen mit Bedacht und Einfühlsamkeit die Strategie, die sie zu ihrem Ziel führt.
Soft Skills verbessern aber nicht nur Ihre Kommunikation mit anderen, sondern auch Ihre Performance. Eine Führungskraft, die sich verbal, aber auch im Bereich der Körpersprache überzeugend prä-

sentieren kann, wird Geschäftspartner und Kunden schnell für sich einnehmen.
Wenn Sie ab und zu das Gefühl haben, dass Sie im Bereich Ihrer Soft Skills noch dazulernen sollten, halten Sie das richtige Buch in Ihren Händen. Dieser Kienbaum-Ratgeber hilft Ihnen, sich über den aktuellen Entwicklungsstand Ihrer Soft Skills bewusst zu werden und sie gezielt zu verbessern. Wir stellen Ihnen die wichtigsten „weichen Fähigkeiten und Fertigkeiten“ vor, sagen Ihnen, wie und wo sie eingesetzt werden und vor allem: wie Sie sie trainieren können.
Nicht die aktuell diskutierten Theorien zum Thema Soft Skills sind Thema dieses Buches, sondern wirkungsvolle Werkzeuge, die sich im betrieblichen Alltag bewährt haben. Die Management- und Unternehmensberatung Kienbaum kann auf eine langjährige Erfahrung im Bereich der Entwicklung persönlicher Erfolgskompetenzen zurückblicken. Die Grundlage dieses Buches bilden unser reicher Erfahrungsschatz im Bereich strategisch ausgerichteter Trainingsprogramme sowie Coachings, in denen die Teilnehmer das Gelernte umsetzen.

Viel Spaß beim Lesen und Trainieren wünscht

Rainer Niermeyer

Einleitung

Beim Soft-Skill-Training für junge Ärzte einer renommierten deutschen Universitätsklinik entbrannte jüngst ein heftiger Disput zwischen den Wissenschaftlern über die generelle Relevanz sozialer Kompetenzen für die Karriere in einer Forschungseinrichtung: Geht es hier nicht vielmehr um die guten Bewertungen im Rahmen der Promotionsverfahren bzw. die Anzahl jährlicher Veröffentlichungen? Steht nicht eindeutig das fachliche Know-how als *der* Bewertungsmaßstab fest? Ein Kontrahent dieser Argumentation stellte die Frage, was denn den Leiter des Klinikums besonders für seine Aufgabe qualifiziere. Schnell einigte man sich auf die Antworten: Diese Personen seien eben besonders gut „verdrahtet", könnten kompetent verhandeln und hätten ein Gespür für Menschen. Der Seminarleiter griff diese These auf und merkte an, eben diese Faktoren seien ja die eigentlichen Kerninhalte des Trainings. Im weiteren Verlauf der Veranstaltung arbeiteten die jungen Wissenschaftler intensiv mit.

Mittlerweile werden Soft Skills als Allzweckwaffe für den beruflichen Erfolg bemüht. Weniger ernst zu nehmende Autoren scheuen sich nicht, selbst den klassischen IQ oder die persönliche Mobilität im Sinne von räumlicher Umzugsbereitschaft in die Riege der Soft Skills einzureihen. Dieses Buch hält eine engere Definition für zielführender und unterscheidet zwischen fachlich-methodischen Kompetenzen auf der einen Seite sowie personalen und spezifischen Führungskompetenzen auf der anderen.

Selbstverständlich ist die Entwicklung von Soft Skills eng an die eigenen Erfahrungen mit Menschen angelegt. Man lernt, während man sie praktiziert. Dieses Buch soll dazu beitragen, für die wichtigsten Skills zu sensibilisieren, und Wege aufzeigen, zwischenmenschliche Situationen aktiv zu suchen, um hier ins persönliche Training zu gehen.

Dieser Sichtweise entsprechend ist das Buch gegliedert in einleitende Kapitel zu Erfolgskompetenzen und definitorischen Abgrenzungen. Im Weiteren folgt es dem Ziel einer klaren Anwendungsorientierung. Dabei wird Wert gelegt auf Umsetzbarkeit im persönlichen Training. Kapitel 2 zu den neun wichtigsten Soft Skills können Sie unabhängig von den anderen Kapiteln des Buches bearbeiten. Dies gilt ebenso für Kapitel 6, das vom Erkennen von Soft Skills bei anderen handelt, und für das abschließende Trainingsprogramm in Kapitel 7.

1 Was sind Soft Skills?

Bewerbergespräch: Am Ende entscheiden die Soft Skills

Dirk Laubner, Personalleiter in einem IT-Unternehmen, hat einen anstrengenden Vormittag hinter sich. Drei Bewerber haben sich für die Stelle des Projektleiters vorgestellt. Zwei Kandidaten, die 33-jährige Juliane Klein und der 32-jährige Stefan Rosenbach, beeindruckten Dirk Laubner besonders. Beide verfügen über eine sehr gute Ausbildung, haben erste Berufserfahrung in der Projektleitung gesammelt und konnten im Bereich Informationssicherheit hervorragende fachliche Kenntnisse vorweisen.

Am Nachmittag trifft Dirk Laubner die Leiterin der Abteilung Informationssicherheit, Anna Prinz, in der Kantine. Er berichtet von den beiden Idealkandidaten. „Das klingt gut", sagt Frau Prinz, „das Profil der beiden passt exakt zu den Anforderungen." Dirk Laubner stimmt ihr zu: „Eigentlich ein Grund zur Freude. Aber jetzt haben wir die Qual der Wahl. Wen von den beiden sollen wir nehmen? Schließlich sind beide gut." Anna Prinz hat einen Vorschlag: „Am besten laden wir die beiden Bewerber noch einmal ein und schauen uns ganz gezielt ihre Soft Skills an." Dirk Laubner nickt. „Das scheint mir am vernünftigsten. Die soziale und emotionale Kompetenz ist ja gerade für einen Projektleiter außerordentlich wichtig." Dirk Laubner verabschiedet sich von Anna Prinz, um den beiden Bewerbern gleich die Einladung zu einem zweiten Gespräch zu schicken …

Das Beispiel zeigt: Es genügt nicht immer, ein Fachmann oder eine Fachfrau auf seinem Gebiet zu sein. Neben fachlicher Expertise und methodischem Wissen sind es oft die so genannten Soft Skills (übersetzt: weiche Fertigkeiten), die über den Erfolg oder Misserfolg im Job entscheiden.

Unter dem englischen Begriff Soft Skills versteht man eine Gruppe von Verhaltensmerkmalen, die im Berufsleben von heute eine immer wichtigere Rolle spielen, wie zum Beispiel Überzeugungskraft, Kommunikationsfähigkeit, Teamfähigkeit, Verhandlungsgeschick,

Integrationsfähigkeit. Diese und weitere Skills werden Sie in diesem Kapitel noch genauer kennen lernen.
Warum brauchen Sie Soft Skills? Weil Sie als Führungskraft sehr viel Zeit mit Kommunikation verbringen und der Erfolg Ihrer Arbeit entscheidend von Ihren persönlichen Eigenschaften abhängt. Nicht fachliches Wissen, sondern Soft Skills können Ihre Kommunikation verbessern. Ob Sie eine Gruppe führen und motivieren, Probleme und Konflikte lösen, Mitarbeiter beurteilen, mit Kunden und Geschäftspartnern verhandeln – immer wieder geht es darum, ein Gespür für Menschen zu zeigen, Situationen zu erkennen und die richtigen Worte zu finden. Das gelingt Ihnen, wenn Ihre Soft Skills gut entwickelt sind.

1.1 Soft Skills sind entwicklungsfähig

Soft Skills sind Erscheinungsformen von Persönlichkeitsmerkmalen. Diese Merkmale können bei dem einen Menschen stärker, bei dem anderen schwächer ausgeprägt sein. Die gute Nachricht ist: Soft Skills besitzen eine Gestaltkomponente, d. h. sie sind trainier- und veränderbar. Im Rahmen Ihrer persönlichen Weiterentwicklung können Sie sie quantitativ und qualitativ erweitern und optimieren.

Achtung:

Jeder kann seine Soft Skills trainieren und verbessern. Das Entscheidende ist, dass Sie es wollen!

Soft Skills sind keine fixe Größe. Ihre Ausprägung hängt von vielen Faktoren ab, zum Beispiel von Rollen und Situationen:

Beispiel:

Herr Rohde ist ein Mitarbeiter, der sich in Projekten besonders engagiert zeigt, für zusätzliche Mittel kämpft und auch keine Scheu oder Probleme hat, sich mit seinem Vorgesetzten auseinanderzusetzen. In seiner Freizeit zeigt Herr Rohde aber ein ganz anderes Verhalten. Er geht Konflikten lieber aus dem Weg, anstatt sie zu suchen. Im Privatleben ist er wesentlich eher bereit, Kompromisse einzugehen und diese auch mit zu tragen.

Hieran erkennen Sie, wie unterschiedlich stark Soft Skills je nach Kontext ausgeprägt sein können. Die tatsächliche Qualität von Soft Skills kann nicht gemessen werden. Aus der beobachteten spezifischen Kompetenz lässt sich lediglich abschätzen, wie groß das Verhaltensspektrum und demnach auch die Kompetenz in diesem Bereich sind.

1.2 Soft Skills basieren auf emotionaler Intelligenz

Soft Skills werden vor allem vom Grad emotionaler Intelligenz geprägt. Der US-amerikanische Autor Daniel Goleman hält diese überfachliche Intelligenz für weit erfolgsrelevanter als den klassischen IQ, der sich auf die rein kognitiven Fähigkeiten bezieht. Diese positive Korrelation zeigt sich auch in Bezug auf Führungsaufgaben: Mit zunehmender Führungsverantwortung steigt der Grad der erforderlichen emotionalen Intelligenz. Je schwieriger und komplexer die Aufgaben werden, desto höher muss der Grad an emotionaler Intelligenz sein. Intellektuelle Fähigkeiten stellen die Basis dar; um sich vollständig zu entwickeln, bedarf es jedoch emotionaler Intelligenz. Die emotionale Kompetenz stellt somit das integrale Element zwischen Denken und Fühlen bzw. zwischen Kognition und Emotion dar. Mit ihrer Hilfe ist man in der Lage, Fähigkeiten, die auf emotionaler Intelligenz basieren, synergetisch mit kognitiven Fähigkeiten zu verbinden. So können herausragende Leistungen erbracht werden.

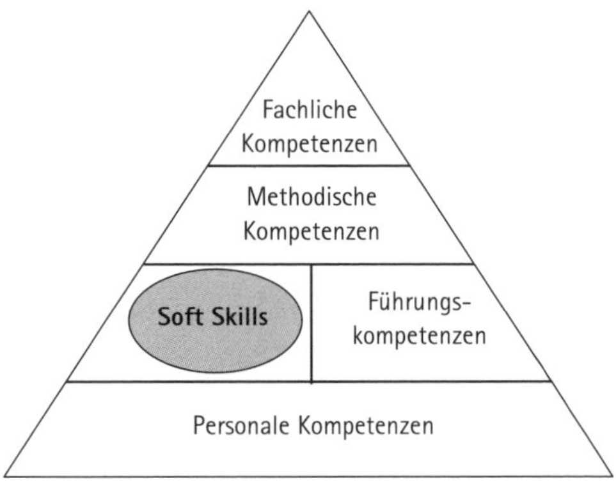

Abb.: Die Kompetenzpyramide

Emotionale Intelligenz umfasst also Soft Skills und Führungskompetenzen und verbindet diese erfolgreich mit kognitiven Fähigkeiten. Ein Mensch, der über Emotionale Intelligenz (EQ) verfügt, kann die eigenen Gefühle und die Gefühle anderer Menschen gut erkennen, sich selbst motivieren und mit eigenen Emotionen sowie Emotionen in seinen Beziehungen umgehen.[1]

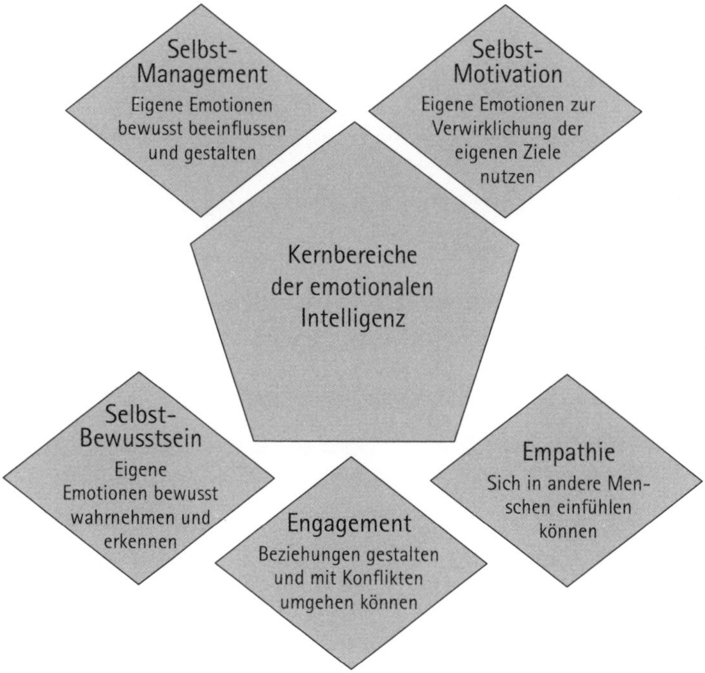

Abb.: Emotionale Intelligenz

[1] Vgl. Goleman, 1999.

Soft Skills überschneiden sich

Eine überschneidungsfreie Existenz von Soft Skills kann es aufgrund ihrer gemeinsamen Basis, nämlich der Kommunikationsfähigkeit, nicht geben. Beispielsweise bedingt eine hohe Durchsetzungsfähigkeit nicht zwangsläufig eine hohe Konfliktfähigkeit, dennoch gibt es eine Menge Überschneidungen. Man muss in beiden Fällen argumentieren, auf Leute zugehen und überzeugend auftreten können.

Abb.: Kommunikation und Soft Skills

1.3 Warum Sie Soft Skills brauchen

Im folgenden Abschnitt erfahren Sie, in welchen Bereichen Ihres beruflichen Lebens Soft Skills wichtig sind und wie sie dort eingesetzt werden können.

Sie können sich besser präsentieren

Eine gekonnte Selbstdarstellung ist ohne gut entwickelte Soft Skills nicht möglich. Wenn Sie als Führungskraft überzeugen wollen, müssen Sie sich und Ihre Ziele überzeugend darstellen können. Als Ansprechpartner für Kunden, Geschäftspartner, Mitarbeiter und Kollegen brauchen Sie ein überzeugendes Auftreten – und das lebt von Ihrem rhetorisches Geschick, Ihrer Kommunikationsfähigkeit, Ihrer Authentizität und Persönlichkeit.

Soft Skills helfen Ihnen, sich selbst und Ihre Ziele überzeugend präsentieren zu können.

Soft Skills bieten Orientierung

Soft Skills bieten Ihnen Sicherheit. Als Führungskraft müssen Sie sich immer wieder neuen Situationen stellen. Soft Skills erleichtern Ihnen die Orientierung, so dass Sie auch in komplexen und dynamischen Situationen souverän agieren. Stellen Sie sich vor, Sie wären der Kritik einer anderen Abteilung ausgesetzt. Dann könnte Ihnen ein sachlicher und konstruktiver Umgang mit Kritik, also das Soft Skill Kritikfähigkeit, helfen, die Situation zu meistern.

Soft Skills stellen Werkzeuge dar, um sich in neuen, unsicheren und schwierigen Situationen zurechtzufinden und zu behaupten.

Sie kommunizieren klarer

Kommunikation und Interaktion bestimmen Ihren beruflichen Alltag. Nur wenn die Verständigung mit Ihren Mitarbeitern funktioniert, werden sie effektiv mit ihnen zusammenarbeiten. Und nur wenn Sie es verstehen, Unternehmensziele zu kommunizieren, werden Mitarbeiter sich für ihre Umsetzung stark machen. Sie brauchen also Fähigkeiten im Bereich der Kommunikation, um erfolgreich zu sein.

> Soft Skills sind kommunikative Fähigkeiten, die die Effizienz in Interaktionen erhöhen.

Sie können sich selbst besser einschätzen

Soft Skills sind Teil Ihrer personalen Kompetenz. Unter der personalen Kompetenz versteht man die Fähigkeit, sich selbst einschätzen und produktive Einstellungen, Werthaltungen, Motive und Selbstbilder entwickeln zu können. Darüber hinaus ermöglicht die personale Kompetenz, die eigenen Talente, die Motivation sowie Leistungsziele zu entfalten und sich kreativ zu entwickeln und weiterzubilden.[2]

> Personale Kompetenz beinhaltet die Kenntnis der eigenen Wünsche, Ziele und Emotionen. Das Wissen über die eigenen Stärken und Schwächen ermöglicht die gezielte Weiterentwicklung der eigenen Persönlichkeit und die Chance, mit anderen effektiver zu interagieren und zu kommunizieren.

Die personale Kompetenz stellt eine Grundvoraussetzung für zwischenmenschliche Beziehungen dar. Nur wer über sich selbst Bescheid weiß, über seine Fähigkeiten, Bedürfnisse und Ziele, ist in der Lage, sich auf andere Menschen einzulassen und deren Bedürfnisse und Motive zu erkennen. Insofern stellt die personale Kompetenz eine Voraussetzung für die soziale Kompetenz dar.

---

[2] Vgl. Erpenbeck/von Rosenstiel, 2003.

Checkliste: So prüfen Sie Ihre personale Kompetenz	✓
Was wissen Sie über Ihre Emotionen? Was lösen unterschiedliche Situationen bei Ihnen aus?	
Wie gehen Sie dann mit Ihren Stimmungen um? Was hat das für Auswirkungen auf Sie und Ihr Umfeld?	
Sind Sie berechenbar oder kann man Sie nur sehr schwer einschätzen?	
Können Sie Ihre Emotionen regulieren? Wie tun Sie das?	
Was sind Ihre Stärken und Schwächen? Setzen Sie sich intensiv mit sich und Ihren Fähigkeiten auseinander? Machen Sie sich bewusst, was Sie können, aber auch, wo sie an Ihre Grenzen stoßen?	
Warum verfolgen Sie bestimmte Ziele?	
Was würden Sie an Ihrer Persönlichkeit ändern, wenn Sie die Möglichkeit dazu hätten? Versuchen sie sich klar zu werden, warum Sie das tun würden? Was sind die Auslöser? Innere oder äußere Zwänge? Wie können Sie diese Punkte realistisch angehen?	

Die Zusammenarbeit klappt reibungsloser

Soft Skills sind auch Teil Ihrer sozialen Kompetenz. Darunter versteht man die Fähigkeit, kommunikativ und kooperativ zu handeln, d. h. sich mit anderen kreativ auseinanderzusetzen und sich beziehungsorientiert zu verhalten. Individuelle Handlungsziele und Absichten werden mit den Werten und Einstellungen anderer Menschen bzw. einer Gruppe verknüpft.[3] Als sozial kompetente Führungskraft erkennen Sie beispielsweise, wie Sie Ihre Ziele unter Berücksichtigung der Ziele und Motive Ihrer Mitarbeiter erreichen können.

> Soziale Kompetenzen beschreiben die Fähigkeit, die individuellen Ziele, Wünsche und Absichten erfolgreich mit denen anderer zu verbinden.

Soziale Kompetenz besteht aus einem ganzen Bündel einzelner Soft Skills, deren Erwerb und Entwicklung niemals abgeschlossen ist.

---

[3] Vgl. Erpenbeck/von Rosenstiel, 2003.

2 Die wichtigsten Soft Skills kennen lernen und trainieren

Der erste Arbeitstag: Ein gelungener Einstieg

Juliane Klein ist erleichtert. Sie hat die Stelle als Projektleiterin bekommen. „Ich freue mich auf unsere Zusammenarbeit", erklärt die Abteilungsleiterin Anna Prinz, während sie Juliane Klein ihr Büro zeigt. „Wissen Sie, Ihre Persönlichkeit hat uns einfach überzeugt; Sie haben eine sehr anpackende Art. Außerdem glauben wir, dass Sie gut mit Menschen umgehen können." Juliane Klein lächelt. „Ja, das liegt mir. Ich bin ein sehr offener und kommunikativer Mensch." „Prima", lobt Anna Prinz, „das brauchen wir. Aber wie sieht es denn mit Ihrer Durchsetzungsstärke aus? Sie wissen ja, in unseren Teams sind vorwiegend Männer." Juliane Klein lacht. „Bislang konnte ich mich immer behaupten. Da mache ich mir keine Sorgen." „Können Sie denn auch mit Konflikten umgehen?" fragt Anna Prinz weiter. Juliane Klein stutzt: „Oh, wollen Sie mir etwa sagen, dass es hier ständig Ärger gibt?" „Nein", beruhigt Anna Prinz, „aber ab und zu gibt es natürlich auch mal Konflikte und unser letzter Projektleiter hatte leider gar kein Talent, den Frieden wieder herzustellen." „Verstehe", sagt Juliane Klein, „da kann ich Sie beruhigen, ich habe vor ein paar Monaten an einem Training zu diesem Thema teilgenommen."

Später stellt Anna Prinz die neue Projektleiterin den Mitarbeitern vor. Juliane Klein betritt souverän und lächelnd das Büro. Sie spürt sofort, dass die Atmosphäre unter den Mitarbeitern ein wenig gespannt ist, weil „die Neue" kommt. Juliane Klein lächelt freundlich, reicht jedem Mitarbeiter die Hand und bricht mit etwas Small Talk schnell das Eis. Die Mitarbeiter werden locker und fassen Vertrauen. Juliane Klein erklärt, wie sehr sie sich darauf freut, sie bald näher kennenzulernen ...

Juliane Klein ist das, was man ein Kommunikationstalent nennt. Sie versteht die Kunst der lockeren Plauderei (im Gespräch mit Frau Prinz und den Mitarbeitern), sie hat ein Gespür für Situationen (sie nimmt den Mitarbeitern die Angst vor der neuen Projektleitung), sie kann sich durchsetzen (in einer Branche, die von Männern domi-

niert wird) und sie bildet ihre Fähigkeiten im Bereich der Soft Skills aus (sie trainiert, wie man Konflikte im Team löst). Juliane Klein zeigt, wie Soft Skills dabei helfen, die unterschiedlichsten Situationen und Anforderungen zu meistern.
Natürlich gibt es weit mehr Soft Skills als Kommunikationsfähigkeit, Durchsetzungsstärke oder Konfliktfähigkeit. In diesem Kapitel werden Sie diese und weitere wesentliche Soft Skills kennen lernen. Die Leitfragen, die die Erläuterung der einzelnen Soft Skills begleiten, lauten:

- Was bedeutet das Soft Skill/die Fähigkeit eigentlich und wozu dient sie?
- Wie kann ich feststellen, ob dieses Soft Skill bei mir gut entwickelt ist?
- Wie kann ich Soft Skills üben/trainieren/entwickeln?

Machen Sie sich zu den einzelnen Soft Skills Notizen. Welche der hier beschriebenen Fähigkeiten besitzen Sie schon? Wo haben Sie noch Defizite oder Schwierigkeiten? Erstellen Sie sich einen individuellen Trainingsplan und nutzen Sie dazu auch die Arbeitsblätter und Trainingseinheiten in Kapitel 7.

2.1 Durchsetzungsvermögen

Was bedeutet Durchsetzungsvermögen?

Stellen Sie sich folgende Situation vor: Sie haben eine neue Vertriebsstrategie erarbeitet und präsentieren sie vor Ihren Mitabeitern. Nach der Präsentation zeigt sich, dass ein Teil der Mitarbeiter Ihre Vorstellungen und Ansätze nicht teilt. Sie spüren, dass sich Widerstand aufbaut. Sie versuchen erst einmal, bei Ihrer Linie oder Ihrem Standpunkt zu bleiben. Ihre Selbstachtung und Ihr Selbstwertgefühl verhindern, dass Sie Ihre Strategie aufgeben. Sie argumentieren und handeln entsprechend. Sie kennen Ihre Bedürfnisse und Ziele und verfolgen Sie selbstbewusst.

> Durchsetzungsvermögen beschreibt die Fähigkeit, sich zielgerichtet und gegen Widerstände auf ein Ergebnis auszurichten.

Durchsetzungsvermögen hat nichts mit Egoismus oder fehlender Achtung zu tun. Es ist vielmehr eine konsequente Ausrichtung des eigenen Handelns auf das gewünschte Ziel. Zeigen Sie Durchsetzungsvermögen, indem Sie die Initiative ergreifen und Ihre ganze Energie für die Erreichung Ihrer Vorstellungen einsetzen. Machen Sie Ihren Standpunkt klar, erläutern Sie, warum Sie so handeln müssen und tun Sie es dann auch!

Checkliste: So beweisen Sie Durchsetzungsvermögen	✓
Sie verfolgen konsequent Ihre Ziele.	
Sie akzeptieren Konflikte (kein Ausweichen).	
Sie haben eine klare, eigene Meinung.	
Sie zeigen Widerstand gegen Gruppendruck bzw. haben den Mut, Ihre Meinung auch gegen Mehrheiten zu vertreten.	
Sie agieren taktisch, d. h. handeln in Abhängigkeit von Ziel und Interessen.	
Sie motivieren sich trotz Widerständen.	
Sie haben den Willen, andere Personen zu beeinflussen.	
Sie können sich in einer Gruppe behaupten.	
Sie haben Respekt vor anderen und werden von anderen respektiert.	
Sie sind beharrlich und ausdauernd.	
Sie fühlen sich emotional von anderen unabhängig.	
Sie zeigen kein ausgeprägtes Harmoniestreben.	

Verzichten Sie auf Machtposen

Je nach Status und Position innerhalb des Unternehmens können Sie als Führungskraft eine Entscheidung ohne Rücksicht auf andere durchsetzen. Aber langfristig werden Sie damit nicht erfolgreich sein. Basiert Ihre Durchsetzungskraft ausschließlich auf Machtausübung und Druck, mag man Ihnen vordergründig folgen, doch im Hintergrund wird sich schwer kontrollierbarer Widerstand zusammenbrauen. Besser ist es, wenn Ihr Durchsetzungsvermögen auf der grundsätzlichen Wertschätzung anderer basiert. Je ausgeprägter Ihr Überzeugungsgeschick ist, desto weniger müssen Sie Ihr Durchsetzungsvermögen zeigen. Dies schont Ihre Nerven und die Nerven Ihrer Mitarbeiter.

Selbstcheck

Finden Sie heraus, wie durchsetzungsfähig Sie sind. Mittels des Selbstchecks auf der folgenden Seite erhalten Sie erste Ansatzpunkte dafür, an welchen Punkten Sie aktiv arbeiten sollten, um Ihr Durchsetzungsvermögen zu verbessern. Ihre Ziele und Fähigkeiten stellen dabei die Grundlage für die Bewertung dar. Wie hoch ist Ihr aktueller Erfüllungsgrad auf einer Skala von 1-10 (1 = sehr wenig ausgeprägt und 10 = sehr stark ausgeprägt). Machen Sie sich bewusst, welche Bedeutung das Soft Skill für Ihre beruflichen Ziele spielt, und legen Sie Ihren idealen Zielerreichungsgrad ebenfalls auf der Skala von 1-10 fest.

Summieren Sie die Skalenwerte und vergleichen Sie den Erfüllungsgrad und den Zielgrad. Wie groß ist die Kluft zwischen beiden Werten? Oder erfüllen Sie die Fähigkeit in angemessenem Rahmen? Wo sehen Sie Punkte, an denen Sie ansetzen müssen? Nutzen Sie die Chance, Ihre Potenziale gezielt weiterzuentwickeln. Versetzen Sie sich bewusst in solche Situationen, in denen ein entsprechendes Verhalten erforderlich ist, und reflektieren Sie Ihr Vorgehen. Was bereitet Ihnen Schwierigkeiten? Was fällt Ihnen leicht?

Selbstcheck: Durchsetzungsvermögen	Erfüllungsgrad	Zielgrad
Sie sind sich Ihrer Stärken bewusst.	5	10
Sie haben klare Ziele und wissen, was Sie erreichen wollen.	3	10
Sie setzen sich für Ihre Ziele und Interessen ein.	7	10
Sie können sich gut in andere Menschen hineinversetzen.	8	10
Sie wirken selbstsicher und souverän.	8	10
Sie äußern Ihre Meinung auch gegenüber hierarchisch höhergestellten Personen.	9	10
Sie gehen Konflikten nicht aus dem Weg.	8	10
Sie verfolgen konsequent Ihre Ziele.	7	8
Sie sind in der Lage, den Gesprächsverlauf zu steuern.	7	10
Sie äußern klar die Erwartungen an Ihren Gesprächspartner.	8	10
Sie vertreten auch bei Widerstand Ihren Standpunkt.	7	10
Sie setzen Ihre Ziele im Wesentlichen durch.	5	10
Sie beziehen eine klare Position.	6	10
Sie reagieren offensiv und ausdauernd auf Einwände.	5	8
Sie vertreten Ihre Meinung selbstbewusst und klar.	5	10
Sie äußern auch in der Gruppe kontroverse Meinungen.	7	10
Summe		

Darüber sollten Sie nachdenken

- Wann haben Sie sich das letzte Mal nachhaltig durchgesetzt? Wie sind Sie vorgegangen? Welche Erfahrungen haben Sie dabei gemacht?
- Wann konnten Sie sich nicht durchzusetzen? Um welches Thema ging es dabei? Welche Strategie haben Sie verfolgt? Welche Strategien hat die Gegenpartei verfolgt? Warum glauben Sie, dass sich die Gegenpartei durchgesetzt hat? Welche Konsequenzen hat diese Erfahrung für Sie?
- Wie verändert sich die Beziehung zu Ihren Freunden/Kollegen/Mitarbeitern, wenn Sie sich durchsetzen?
- Wie verhalten Sie sich gegenüber Menschen, die sich gegen Ihre Meinung durchgesetzt haben?
- Welche Rolle spielt Macht für Sie, wenn es darum geht, Dinge durchzusetzen? Welche Dinge haben Sie mithilfe von Macht durchgesetzt und welche ohne? Wie unterscheiden sich die Situationen? Wie unterscheiden sich Ihre Strategien?
- Welche Person aus Ihrem Privat- oder Berufsleben würden Sie als besonders durchsetzungsstark bezeichnen? Warum? Wie äußert sich das? In welchen Situationen konnten Sie das beobachten? Was können Sie hieraus lernen?

Trainingseinheit 1: Durchsetzungsvermögen
Listen Sie Ihre kurz-, mittel und langfristigen Ziele auf und versuchen Sie, diese genauer zu spezifizieren. Warum möchten Sie diese Ziele erreichen? Wie gehen Sie vor? Wie überprüfen Sie, wie weit Sie im Hinblick auf die Zielerreichung sind? Welche Konsequenzen haben die Ziele für Ihr zukünftiges Handeln? Was müssen Sie verändern?
Setzen Sie sich ein bestimmtes Ziel und versuchen Sie, es zu erreichen. Dabei muss es sich nicht um ein berufliches Ziel handeln. Wenn Sie beispielsweise abends mit Freunden unterwegs sind und es verschiedene Möglichkeiten gibt, den Abend zu gestalten, machen Sie einen Vorschlag und setzen Sie ihn durch. Nennen Sie Vorteile Ihres Vorschlags, zeigen Sie Beharrungsvermögen.

Suchen Sie gezielt nach Situationen, in denen Sie Ihre Durchsetzungsfähigkeit trainieren können. Beginnen Sie ruhig mit Dingen, bei denen es um nichts geht: ob dieser oder jener Besprechungsraum genutzt oder dieses oder jenes Restaurant zum Mittagessen aufgesucht werden soll. Reflektieren Sie Ihr Handeln und Ihre Strategie und nutzen Sie die Chance, sich permanent zu verbessern.

2.2 Einfühlungsvermögen

Einfühlungsvermögen beschreibt die Fähigkeit, andere Menschen intersubjektiv richtig einschätzen und ihr Verhalten nachvollziehen zu können.

Was bedeutet Einfühlungsvermögen?

Ein entscheidender Erfolgsfaktor in der heutigen Berufswelt ist die Fähigkeit, sich in Menschen einfühlen, ihr Verhalten nachvollziehen und angemessen reagieren zu können. Einfühlungsvermögen ist eine Kompetenz, die Sie für alle möglichen Aufgaben benötigen. Nicht nur für Mitarbeiterbeurteilungen oder Verhandlungen mit Kunden, sondern auch für die ganz alltäglichen und vermeintlich weniger wichtigen Gespräche im Unternehmen. Wenn Sie ein Gespür für andere Menschen und ihre Motive haben, werden Sie andere besser erreichen und damit auch Ihre Ziele.

Tipp:

Erfolgreiche Kommunikatoren versuchen, persönliche Wertungen der anderen Person zu vermeiden und den anderen aus sich selbst heraus in seiner spezifischen Gefühls- und Bedürfnislage zu verstehen.

Machen Sie sich von Vorurteilen frei

Das klingt einfacher, als es ist. Denn es setzt voraus, dass wir für die Persönlichkeit und die Motive unseres Gesprächspartners offen sind. Wir vergessen nämlich meistens, dass andere Menschen andere Zielvorstellungen, Handlungsmotive und Gefühle haben, mit anderen Worten: einen anderen Bezugsrahmen haben. Wenn Sie sich dies vor Augen halten, werden Sie so manches zunächst widersprüchlich erscheinende Verhalten besser nachvollziehen können. Mit Sensibilität und Einfühlungsvermögen sind Sie in der Lage, Ihren Gesprächspartner einschätzen zu können. Sie reagieren angemessen auf seine Bedürfnisse und Wünsche und können Ihre Strategien darauf abstimmen. Kurz gesagt: Holen Sie den anderen da ab, wo er steht. Mit diesem Vorgehen zeigen Sie Ihrem Gesprächspartner Ihre Wertschätzung. Das lohnt sich, denn er wird Ihnen diese Wertschätzung gerne zurückgeben.

Erkennen Sie die Wünsche und Motive der anderen

Wie gelingt es Ihnen, den anderen zu verstehen und angemessen zu reagieren? Dazu müssen Sie Ihren Gesprächspartner aufmerksam beobachten und seine Motive kennen. Nehmen wir nur einmal einen Kunden, der sich für Ihre Produkte interessiert. Nur wenn es Ihnen gelingt, seine tatsächlichen Bedürfnisse herauszufinden, können Sie ihm eine Lösung anbieten, die seinen Vorstellungen entspricht. Das erhöht die Wahrscheinlichkeit, dass er bei Ihnen kauft. Bei Verhandlungen gehen Sie ganz ähnlich vor. Sie verschaffen sich ein klares Bild davon, was die Gegenpartei erreichen möchte und dann können Sie geschickt und effektiv argumentieren.

Wie Sie sich auf den anderen einstellen

- Hören Sie aktiv zu. Indem Sie Äußerungen des Gesprächspartners zusammenfassen und paraphrasieren, stellen Sie sicher, dass Sie ihn verstanden haben und seine Bedürfnisse und Ansichten ernst nehmen.
- Bewerten Sie die Aussagen des anderen erst einmal nicht. Es geht zunächst darum, seine Motive zu verstehen. Finden Sie heraus, welche Punkte für Ihren Gesprächspartner wichtig sind.
- Achten Sie auf die Stimmung und Gefühlslage während des Gesprächs. Beobachten Sie die nonverbalen Signale Ihres Gegenübers (z. B. lassen verschränkte Arme oder zusammengekniffene Augenbrauen auf eine negative Gefühlslage schließen). Sprechen Sie Emotionen offen an: „Sind Sie verärgert?"

Verstehen Sie die Körpersprache?

Achten Sie nicht nur auf das, was mit Worten gesagt wird. Nehmen Sie auch die Sprache des Körpers wahr. Signalisieren der Blick und die Gesten, dass sich Ihr Gesprächspartner wohl fühlt? Nur wenn Sie es schaffen, aus der Gesamtheit der verbalen und nonverbalen Äußerungen herauszulesen, welche Motive Ihr Gesprächspartner hat, können Sie ihn verstehen.

> **Achtung:**
> Bedenken Sie, dass nonverbale Signale nicht eindeutig sind. Es gibt kein festes Schema, mit dessen Hilfe Sie Körpersprache übersetzen können.

Checkliste: So beweisen Sie Einfühlungsvermögen	✓
Sie nehmen die Perspektive des Gesprächspartners ein und betrachten den Sachverhalt aus seinen Augen.	
Sie hören aktiv zu und beobachten verbale und nonverbale Signale.	
Sie signalisieren, dass Sie den anderen verstanden haben mit Sätzen wie: „Sie meinen also, dass ...?"	
Sie stellen sich auf Ihren Gesprächspartner ein, indem Sie zum Beispiel seine Gesten spiegeln oder ähnlich sprechen (z. B. eher moderat als forsch).	
Sie sprechen unausgesprochene Konflikte und Missverständnisse an.	
Sie registrieren alle, auch schwache Signale Ihres Gegenübers (z. B. kurzes Wegschauen).	
Sie beobachten Ihre eigenen verbalen und nonverbalen Äußerungen und lassen sich nicht zu impulsiven Reaktionen hinreißen.	
Sie empfinden es nicht als bedrohlich, wenn andere ihre eigenen Ansichten und Argumente haben („Interessant, so kann man es natürlich auch sehen.").	

Sie müssen sich an Ihrem Gegenüber und seiner Wesensart orientieren. Es bildet die Basis für Ihr Verständnis, sowohl verbal, als auch nonverbal. Wie verändern sich Mimik und Gestik im Laufe des Gesprächs? Welche Körperhaltung zeigt der Gesprächspartner? Ein Mitarbeiter, der Ihren Plänen verbal zustimmt, dabei aber die Stirn runzelt oder mürrisch blickt, dürfte nicht wirklich überzeugt sein. Greifen Sie solche Signale auf und sprechen Sie sie an.

Selbstcheck

Testen Sie Ihr Einfühlungsvermögen und finden Sie heraus, wo Sie sich verbessern können. Im Selbstcheck auf der folgenden Seite stellen Ihre Ziele und Fähigkeiten die Grundlage für die Bewertung dar. Wie hoch ist Ihr aktueller Erfüllungsgrad auf einer Skala von 1-10 (1 = sehr wenig ausgeprägt und 10 = sehr stark ausgeprägt)? Machen Sie sich bewusst, welche Bedeutung das Soft Skill für Ihre beruflichen Ziele spielt, und legen Sie Ihren idealen Zielerreichungsgrad ebenfalls auf der Skala von 1-10 fest.
Summieren Sie die Skalenwerte und vergleichen Sie den Erfüllungsgrad und den Zielgrad. Wie groß ist die Kluft zwischen beiden Werten? Oder erfüllen Sie die Fähigkeit in angemessenem Rahmen? Wo sehen Sie Punkte, an denen Sie ansetzen müssen? Nutzen Sie die Chance, Ihre Potenziale gezielt weiterzuentwickeln. Versetzen Sie sich bewusst in solche Situationen, in denen ein entsprechendes Verhalten erforderlich ist, und reflektieren Sie Ihr Vorgehen. Was bereitet Ihnen Schwierigkeiten? Was fällt Ihnen leicht?

Selbstcheck: Einfühlungsvermögen	Erfüllungs-grad	Zielgrad
Sie bemerken, wenn Ihr Gesprächspartner nicht mit den von Ihnen vorgeschlagenen Maßnahmen einverstanden ist.	7	10
Sie können Ihr Verhalten und Ihre Sprache an unterschiedliche Gesprächspartner anpassen.	6	10
Sie erkennen Signale Ihres Gesprächspartners, die auf mögliche Konflikte hindeuten.	7	10
Sie haben sich mit der Wirkung von Körpersprache auseinandergesetzt.	3	10
Sie suchen das Gespräch mit Ihren Mitarbeitern, auch außerhalb von festen Terminen.	5	8
Sie können gut einschätzen, wie Sie auf andere wirken.	3	8
Sie wenden die Technik des aktiven Zuhörens an.	8	10
Sie fragen nach, wenn Sie glauben, dass Konflikte oder Missverständnisse nicht offen angesprochen werden.	8	10
Sie versuchen, sich im Gespräch in die Rolle Ihres Gegenübers hineinzuversetzen.	8	10
Sie können aus der Perspektive Ihrer Gesprächspartner argumentieren.	6	10
Sie passen Ihren Sprachstil und Ihre Argumentation an die Voraussetzungen Ihres Gesprächspartners an.	6	10
Sie unterstreichen Ihr Interesse und Verständnis durch die gezielte Nutzung von Mimik und Gestik	7	10
Summe		

Darüber sollten Sie nachdenken

- In welchen Situationen haben Sie Ihrer Meinung nach großes Einfühlungsvermögen bewiesen? Worin äußert sich dies?
- In welchen Situationen hätten Sie Ihrer Meinung nach größeres Einfühlungsvermögen zeigen können? Warum glauben Sie das?
- Worin lagen die Unterschiede zwischen den Situationen? Worauf führen Sie Ihre unterschiedliche Reaktion zurück?
- Welche Vorteile hat es bzw. welche Gefahren gibt es, wenn Sie Einfühlungsvermögen zeigen?
- Welche Ziele können Sie durch gesteigertes Einfühlungsvermögen besser erreichen?
- In welchen Situationen bzw. gegenüber welchen Personen fällt es Ihnen schwer, einfühlsam zu sein? Woran liegt das Ihrer Meinung nach?
- Welche Person aus Ihrem Privat- oder Berufsleben würden Sie als besonders einfühlsam bezeichnen? Warum? Wie äußert sich das? In welchen Situationen konnten Sie das beobachten? Welche Konsequenzen hat das? Welche Unterschiede stellen Sie in Hinblick auf Ihr Einfühlungsvermögen fest?

Trainingseinheit 2: Einfühlungsvermögen
Suchen Sie Gelegenheiten, in denen Sie Ihr Einfühlungsvermögen unter Beweis stellen können, im Berufs- oder im Privatleben. Versuchen Sie, Menschen zu verstehen, ihre Motive und Ziele zu begreifen und aus ihrer Perspektive heraus zu denken.
Gibt es Personen in Ihrem Unternehmen, über die Sie schon lange Ihr Urteil gefällt haben? („Herr Müller sieht nie das große Ganze, nur die Details.") Wird Ihr Urteil diesem Menschen gerecht? Welche Gründe könnte es haben, dass er so auf Sie wirkt? Könnten Sie einen anderen Eindruck von diesem Menschen bekommen, wenn Sie zum Beispiel etwas an seiner Arbeitssituation oder seinen Aufgaben ändern?
Bekommen Sie ein Gefühl für Ihre nonverbale Sprache. Versuchen Sie sich bewusst in unterschiedliche Stimmungen hineinzuversetzen und beobachten Sie sich selbst: Ihre Mimik, Gestik, Körperhaltung. Wie verändern Sie sich dabei?

2.3 Integrationsfähigkeit

Integrationsfähigkeit beschreibt die Fähigkeit, sich oder andere wirkungsvoll in ein bestehendes Sozialgefüge zu integrieren und unterschiedliche Interessen, Ziele und Meinungen effektiv zu bündeln.

Was bedeutet Integrationsfähigkeit?

Integrationsfähigkeit hat eine aktive und eine passive Komponente. Die aktive Komponente bezieht sich auf die Fähigkeit, sich selbst gut in ein Sozialgefüge integrieren zu können, seine Rolle anzunehmen und konstruktiv mit anderen Menschen zusammenzuarbeiten. Die passive Komponente beinhaltet die Fähigkeit, andere Menschen erfolgreich in ein Team oder eine Gruppe zu integrieren, so dass eine Gewinn bringende Zusammenarbeit stattfinden kann. In diesem Fall muss man nicht selbst Teil dieses Gefüges sein.

Was die Meister der Integration auszeichnet

Integrationsfähigkeit besitzen Sie dann, wenn Sie Ideen, Ansatzpunkte und Menschen sinnvoll zusammenführen können. Dies kann geschehen, indem Sie sich entweder mit Ihren Kenntnissen und Fähigkeiten Gewinn bringend in ein Team einbringen oder andere Personen bei der Eingliederung in ein Team unterstützen. In jedem Fall müssen Sie bereit sein, Neues aufzunehmen und Ihre Reaktionen, Strategien und Taktiken an veränderte Umweltbedingungen anzupassen. Darüber hinaus beinhaltet Integrationsfähigkeit auch, die Gefühle und Einstellungen anderer Menschen erkennen, ihre Gefühle erspüren und akzeptieren zu können. Wenn Ihnen das gelingt, werden Sie sich und andere mühelos in ein Sozialgefüge integrieren.

Nutzen Sie die Stärken der anderen

Integration ist nur dann sinnvoll und erfolgreich, wenn die bestehende Leistungsfähigkeit eines Systems hierdurch erhöht und verbessert wird. Integration ist also nutzenorientiert zu gestalten. Dazu müssen Sie die Stärken und Leistungen anderer richtig einschätzen können, was voraussetzt, dass Sie sich mit dem System und den zu integrierenden Menschen oder Ideen eingehend beschäftigt haben.

Die große Frage lautet: „Was will ich erreichen, wie kann ich es erreichen und wer bringt welche Leistungen ein, die zur Zielerreichung beitragen?“

Das Ziel: Alle stehen hinter der Sache

Im betrieblichen Alltag geht es nicht darum, den eigenen Weg bzw. das Ziel stur durchzusetzen, sondern eine Lösung zu erzielen, die von allen Beteiligten getragen wird. Das gelingt nur mithilfe Ihrer Integrationsfähigkeit. Sie sollten in der Lage sein, alle Mitarbeiter entsprechend ihren Fähigkeiten mitarbeiten und Lösungen mitgestalten zu lassen. Es geht also um Kooperation und Konsens, Vielfalt und Flexibilität.

Integration hat einen weiteren Vorteil. Es entsteht ein Umfeld, das einen großen Freiraum zur Entfaltung unterschiedlicher Persönlichkeiten und Kompetenzen bietet. Hierauf basieren auch die aktuellen Diversity-Ansätze. Es ist bei vielen Fragen und Problemen förderlich, verschiedene Ansichten und Meinungen in die Entscheidungsfindung mit einzubeziehen und sein Blickfeld dadurch zu erweitern.

Checkliste: So beweisen Sie Integrationsfähigkeit	✓
Sie arbeiten bei unterschiedlichsten Positionen Gemeinsamkeiten heraus.	
Sie vermitteln bei Konflikten zwischen Einzelpersonen oder Gruppen.	
Sie interessieren sich für die Meinungen und Standpunkte anderer Menschen.	
Sie beziehen bei Problemen und Fragen alle Gruppen- bzw. Teammitglieder ein.	
Sie binden neue und benachteiligte Mitarbeiter und Kollegen ein.	
Sie sind an Konsens interessiert.	
Kompromisse zu machen fällt Ihnen leicht.	
Sie moderieren lieber, anstatt das Wort zu führen.	
Sie suchen den Dialog.	
Sie sprechen verdeckte Spannungen und Konflikte an und versuchen, sie zu lösen.	

Selbstcheck

Dieser Selbstcheck unterstützt Sie dabei herauszufinden, wie integrationsfähig Sie sind. Nutzen Sie die Chance, erste Ansatzpunkte zu erhalten, an welchen Punkten Sie aktiv arbeiten können, um Ihre Integrationsfähigkeit zu verbessern. Ihre Ziele und Fähigkeiten stellen dabei die Grundlage für die Bewertung dar. Wie hoch ist Ihr aktueller Erfüllungsgrad auf einer Skala von 1-10 (1 = sehr wenig ausgeprägt und 10 = sehr stark ausgeprägt). Machen Sie sich bewusst, welche Bedeutung das Soft Skill für Ihre beruflichen Ziele spielt und spielen wird, und legen Sie Ihren idealen Zielerreichungsgrad ebenfalls auf der Skala von 1-10 fest.

Selbstcheck: Integrationsfähigkeit	Erfüllungsgrad	Zielgrad
Sie stehen fremden Meinungen, Ansichten und Ideen generell offen gegenüber.	9	10
Es fällt Ihnen leicht, sich aktiv in ein Team zu integrieren.	9	10
Sie können sich problemlos auf neue Situationen und Umweltbedingungen einstellen.	9	10
Sie sind in der Lage, sich in andere Personen hineinzuversetzen.	8	10
Sie halten es für sinnvoll, Mitarbeiter und Kollegen in die Entscheidungsfindung einzubeziehen.	8	10
Sie sind bereit, Ihren Standpunkt aufzugeben, wenn dafür ein von allen getragener Kompromiss erzielt werden kann.	9	10
Sie bemühen sich um die Herstellung von Konsens.	9	10
Sie können andere Personen aktiv und Gewinn bringend in ein Team eingliedern.	5	10

Sie sehen Vielfalt und Unterschiedlichkeit als Chance zur Weiterentwicklung.	10	10
Sie kennen Ihre Stärken und sind in der Lage, diese unter unterschiedlichen Bedingungen erfolgreich einzubringen.	5	10
Sie verstehen und akzeptieren die verschiedenen Rollen in sozialen Systemen.	8	10
Sie verfügen über unterschiedliche Strategien, wie Sie „neue" oder zurückhaltende Personen zielorientiert in eine bestehende Gruppe bzw. Aufgabe einbinden können.	3	7
Sie kennen die Stärken und Schwächen Ihrer Mitarbeiter und wissen diese aufgaben- und zielorientiert zu kombinieren.	3	7
Sie sind in der Lage, Ihre soziale Rolle der Aufgabe und dem Ziel anzupassen.	7	10
Sie sprechen Schwierigkeiten und mögliche Konflikte direkt und offen an.	5	10
Summe		

Summieren Sie die Skalenwerte und vergleichen Sie den Erfüllungsgrad und den Zielgrad. Wie groß ist die Kluft zwischen beiden Werten? Oder erfüllen Sie die Fähigkeit in angemessenem Rahmen? Wo sehen Sie Punkte, an denen Sie ansetzen müssen? Nutzen Sie die Chance, Ihre Potenziale gezielt weiterzuentwickeln. Versetzen Sie sich bewusst in solche Situationen, in denen ein entsprechendes Verhalten erforderlich ist, und reflektieren Sie Ihr Vorgehen. Was bereitet Ihnen Schwierigkeiten? Was fällt Ihnen leicht?

Darüber sollten Sie nachdenken

- Wann waren Sie das letzte Mal gefordert, neue Mitglieder in ein Team zu integrieren? Wie sind Sie vorgegangen? Wie erfolgreich war Ihr Vorgehen? Auf welche Schwierigkeiten sind Sie gestoßen? Welche positiven Dinge sind Ihnen aufgefallen?

- Wann mussten Sie sich zuletzt in eine neue Gruppe integrieren? Welche Rolle hatten Sie? Welche Rollen hatten die übrigen Teammitglieder? Wie gut ist Ihnen die Integration gelungen? Was hat Ihnen Schwierigkeiten gemacht? Auf welche Unterstützung konnten Sie zurückgreifen?
- Wie schaffen Sie es, Gemeinsamkeiten herauszuarbeiten? Wie gehen Sie vor, wenn Sie eine Einigung erreichen möchten und es in Gruppen oder Teams unterschiedliche Meinungen gibt?
- Wie reagieren Sie, wenn jemand neue Ansätze oder Ideen vorbringt, an die Sie bisher noch nicht gedacht haben? Inwieweit spielt es eine Rolle, ob diese Ansätze Ihren Argumente widersprechen?
- Was sind Ihre Stärken und Schwächen im Hinblick auf die Arbeit in bzw. mit Teams und Gruppen? Gibt es Rollen, die Sie besonders gern einnehmen? Mit welchen Charakteren haben Sie oftmals Schwierigkeiten?
- Wann haben Sie das letzte Mal unterschiedliche Ideen und Ansätze miteinander verknüpft? Warum haben Sie das gemacht? Welche Konsequenzen hatte das? Wie haben Sie die unterschiedlichen Ideen und Ansätze generiert?
- Welche Person aus Ihrem Privat- oder Berufsleben würden Sie als besonders integrativ bezeichnen? Warum? Wie äußert sich das? In welchen Situationen konnten Sie das beobachten? Welche Konsequenzen hat das? Welche Unterschiede stellen Sie in Hinblick auf Ihre Integrationsfähigkeit fest?

Trainingseinheit 3: Integrationsfähigkeit
Suchen Sie sich eine neue Gruppe, der Sie beitreten möchten. Dabei kann es sich sowohl um eine Freizeitgruppe als auch um eine berufliche Arbeitsgruppe handeln. Wie schaffen Sie es, als vollwertiges Mitglied anerkannt zu werden?
Beobachten Sie Ihr Umfeld und versuchen Sie eine Person zu finden, die noch nicht vollständig in Ihre Gruppe integriert ist. Woran erkennen Sie das? Wie unterstützen Sie diese Person so, dass sie vollständig integriert wird? Welche Möglichkeiten haben Sie?

Welches Problem versuchen Sie schon seit langer Zeit erfolglos zu lösen? Welche Ansätze haben Sie diesbezüglich bisher gewählt? Mit wem haben Sie sich über dieses Problem ausgetauscht? Welche Perspektiven haben Sie bisher berücksichtigt und welche haben Sie außer Acht gelassen?
Wissen Sie eigentlich, über welche Stärken und Potenziale Ihre Mitarbeiter und Kollegen verfügen? Wen können Sie zu spezifischen Fragestellungen ansprechen? Wer stellt eine Bereicherung für eine Arbeitsgruppe bzw. ein Team dar? Mit welchen Schwierigkeiten müssen Sie bei der Zusammenarbeit bzw. der Integration in der Gruppe rechnen?
Versuchen Sie Ihre Perspektive zu erweitern, indem Sie Dinge und Menschen aus einem anderen Blickwinkel betrachten. Bleiben Sie beweglich, was Ihre Gedanken und Strategien angeht. Haben Sie diese Fähigkeit gut ausgebildet, sind Sie in der Lage, „den anderen in seinem Anderssein zu bewundern" (Martin Buber).

2.4 Konfliktfähigkeit

> Konfliktfähigkeit bedeutet, Konflikten selbstbewusst und bewusst zu begegnen und sie erfolgreich zu lösen.

Was bedeutet Konfliktfähigkeit?

Konflikte sind im beruflichen und privaten Leben allgegenwärtig. Wenn Menschen miteinander kommunizieren und interagieren, kommt es immer wieder zu Reibungen und Auseinandersetzungen. Konflikte sind aber nicht grundsätzlich negativ. Sie ermöglichen Veränderungen und bieten die Chance, Probleme zu beseitigen und zum Nutzen aller Beteiligten zu lösen. Aus diesem Grund sollten Sie sich mit Konflikten immer auseinandersetzen anstatt sie zu ignorieren.

Konfliktfähigkeit bedeutet aber nicht nur, Konflikte lösen zu können. Sie beinhaltet zum einen die grundlegende Fähigkeit, Konflikte als solche zu erkennen, und zum anderen die Bereitschaft, sich mit ihnen zu beschäftigen. Konstruktives Verhalten, überlegtes Handeln sowie Achtung gegenüber dem Gesprächspartner sind Grundvoraussetzungen für die erfolgreiche Konfliktbewältigung. Erst wenn Sie diese Auffassung teilen, können spezielle Strategien und Techniken zur erfolgreichen Konfliktlösung greifen.

Persönliches spielt immer eine Rolle

Gründe für Konflikte können sehr vielfältig sein und lassen sich selten auf wenige Ursachen reduzieren. Hinzu kommt, dass sich Konflikte sowohl auf der Sach-, als auch auf der Beziehungsebene abspielen können. Mögliche Ursachen sind scheinbar unvereinbare persönliche Einstellungen, Interessen, Werte, Wünsche oder eine andere Wahrnehmung. Hinzu kommt: Konflikte entwickeln eine Dynamik, sie verändern sich.

> **Achtung:**
> Wollen Sie Konflikte lösen, so sollten Sie diese frühzeitig ansprechen. Je länger ein Konflikt schwelt, desto schwieriger wird es, ihn zu lösen. Die Konfliktparteien halten zunehmend hartnäckiger an ihrem Standpunkt fest, die Argumentation wird schärfer und eine Einigung schließlich immer unwahrscheinlicher.

Das ist typisch für Konflikte

- Sie werden meist emotional geführt.
- Angespanntheit, Gereiztheit und Angst begleiten die meisten Konflikte.
- Sie werden als störend empfunden.
- Konflikte unterbrechen den normalen Handlungsablauf.
- Sie können eskalieren.
- Die Intensität von Konflikten nimmt zu und der Kreis der beteiligten Personen wächst.
- Es entsteht Druck.
- Konflikte sind vereinnahmend, lenken ab und hemmen die Bewältigung anderer Aufgaben.

Konflikte können auch positiv sein

- Konflikte bieten Chancen und Möglichkeiten zu Verbesserungen,
- deuten auf Probleme und Missstände hin,
- führen zu klärenden Prozessen,
- brechen festgefahrene Strukturen auf,
- führen zu einer Intensivierung der Kommunikation,
- sorgen für Veränderung und verhindern Stillstand.

Wie eine Person Auseinandersetzungen begegnet, hängt stark von ihrer Konfliktbereitschaft und Einstellung zu Konflikten ab. Personen, die generell offen sind gegenüber Auseinandersetzungen, deren positiven Charakter erkennen und sich davon eine Steigerung der Produktivität und Effizienz versprechen, werden Konflikte suchen. Solche Personen konzentrieren sich auf die Sachebene eines Konflikts. Personen, die Konflikte eher negativ sehen, sind selten in der Lage, sachliche und persönliche Dinge auseinander zu halten. Sie fühlen sich grundsätzlich persönlich angegriffen, auch wenn es sich um Kritik auf der Sachebene handelt. Solche Personen werden Konflikten eher aus dem Weg gehen.

Es gibt verschiedenartige Konflikte

Konflikte unterscheiden sich unter anderem darin, welche Personen und Gruppen beteiligt sind:[4]

- **Intrapersonale/innermenschliche Konflikte**
  Man könnte vermuten, dass solche Konflikte wenig mit Kommunikation und Interaktion zu tun haben, weil sie sich im Inneren eines Menschen abspielen. Aber das stimmt nicht. Da wir in ein soziales Umfeld eingebunden sind und ständig interagieren, werden innere Konflikte von äußeren Faktoren stark beeinflusst. Wie Bekannte, Verwandte, Freunde oder Kollegen unseren Konflikt beurteilen, ob und welche Handlungsalternativen sie vorschlagen, ja sogar ihre Unsicherheiten – all das wirkt sich auf unseren inneren Konflikt aus. In vielen Fällen kann es hilfreich sein, die von außen an uns herangetragenen Entscheidungshilfen, Ratschläge und Meinungen zu prüfen und in die eigenen Überlegungen einzubeziehen. Wenn es nicht gelingt, innere Konflikte zu bewältigen, kann es zu einer Verschiebung bzw. Ausweitung in Richtung interpersonaler Konflikte kommen, die wir im Folgenden vorstellen.
- **Interpersonale/zwischenmenschliche Konflikte**
  Hier sind in der Regel sowohl persönliche als auch sachliche Aspekte Gegenstand der Auseinandersetzung. Je nachdem, wel-

[4] Vgl. Fehlau, 2000, S. 8 f.

che Einstellungen und Wahrnehmungen zum Tragen kommen, findet man bei den Konfliktparteien unterschiedliche Lösungsansätze. Die Interaktion entscheidet, wie erfolgreich der Konflikt letztendlich gelöst wird.

- **Konflikte in bzw. zwischen Gruppen**
  Hierbei handelt es sich um Konflikte innerhalb eines Arbeitsumfeldes. Neben persönlichen Aspekten kommen vor allem auch abteilungs- bzw. unternehmensspezifische Probleme zum Tragen.

Vorsicht Eskalationsspiralen![5]

Wenn die Lösung eines Konflikts hinausgeschoben wird, kann er eskalieren und sich in zwei Richtungen entwickeln:

1. Heiße Konflikte
   Hierbei handelt es sich um eine offensive und deutlich spürbare Konfrontation. Die Konfliktparteien suchen eine aktive und direkte Auseinandersetzung mit der Absicht, als Sieger hervorzugehen. Die Gefahr besteht darin, dass eigene Motive oder Wahrnehmungen nicht mehr hinterfragt werden. Die Mittel der Auseinandersetzung werden unfair, das Verhalten destruktiv.
2. Kalte Konflikte
   Hier handelt es sich um eine destruktive Auseinandersetzung, bei der die direkte Konfrontation gemieden wird. Stattdessen blockiert und schädigt man sich gegenseitig. Der Konflikt ist zwar nicht sichtbar, brodelt aber unter der Oberfläche. Auch hier entwickelt sich das Verhalten zunehmend in eine destruktive Richtung. Die Lösung ist meist schwierig, da der Konflikt als solcher von den streitenden Parteien nicht anerkannt wird.

Konflikte haben positive wie negative Folgen

Konflikte wirken sich auf die Mitglieder einer Organisation und die Beteiligten einer Auseinandersetzung sehr unterschiedlich aus:[6]

---

[5] Vgl. Nöllke, 2000, S. 13 f.
[6] Vgl. Heyse/Erpenbeck, 2004, S. 330.

1. Funktionale Seite
   Konflikte haben für die Existenz und die Weiterentwicklung sozialer Systeme eine wichtige Funktion. Sie führen zu neuen Sichtweisen und Einsichten und ermöglichen die Verarbeitung hochkomplexer und widersprüchlicher Informationen. Dadurch wird die Anpassungsfähigkeit der Organisation gesichert. Konflikte leiten Aggressionen ab und verhindern somit die Zerstörung der Organisation. Funktionale Konflikte sichern eine relative funktionsnotwendige Autonomie für einzelne Personen und Gruppen.
2. Dysfunktionale Seite
   Damit ist gemeint, dass Konflikte durchaus auch funktionsschädigend sein können. So kann in einem Unternehmen die Arbeitsmotivation sinken und sehr viel Zeit und Energie verloren gehen. Die Symptome ungelöster Konflikte sind unter anderem erhöhte Abwesenheit bzw. zunehmender Krankenstand. Unter Umständen kommt es zu inneren Kündigungen und illoyalem Verhalten.

Wie Sie schrittweise einen Konflikt lösen

Der Konfliktlösungsprozess besteht aus mehreren Schritten, die aufeinander aufbauen und deren Übergänge fließend sind:

Ansprechen und Offenlegen des Konflikts

↓

Wille zur Konfliktlösung

↓

Einigung über Vorgehensweisen

↓

Eigentliche Beilegung des Konflikts

↓

Vereinbarungen treffen, festhalten und kontrollieren

1. Schritt: Ansprechen und Offenlegen des Konflikts

Sie müssen zunächst erkennen, worin der eigentliche Konflikt besteht, was also die tatsächlichen Auslöser und Gründe sind. Erst wenn allen Beteiligten bewusst ist, dass eine Konfliktsituation vorliegt und worin sich diese begründet, kann an der Lösung des Konflikts gearbeitet werden.

2. Schritt: Wille zur Lösung des Konflikts

Grundlage für die erfolgreiche Konfliktlösung ist die Bereitschaft aller Beteiligten, den Konflikt auch tatsächlich lösen zu wollen. Um die Bereitschaft der Beteiligten zur Konfliktlösung zu fördern, können Sie die Opportunitätskosten, d. h. die theoretischen Kosten einer Weiterführung des Konflikts, darlegen. Das bedeutet: Den Beteiligten müssen Sie klar machen, dass es besser für sie ist, den Konflikt zu lösen, als ihn fortzuführen.

3. Schritt: Einigung über Vorgehensweisen

Für eine erfolgreiche Konfliktlösung müssen beide Konfliktparteien die Vorgehensweise und Methoden zur Konfliktlösung akzeptieren. Nur wenn das Einverständnis aller Beteiligten vorliegt, kann die Konfliktlösung erfolgreich sein und spätere Zweifel bezüglich der Vorgehensweisen und Ergebnisse vermieden werden.

4. Schritt: Eigentliche Beilegung des Konflikts

Es ist wichtig, dass Sie gemeinsam mit den Beteiligten die unterschiedlichen Gründe des Konfliktes herausarbeiten und eine gemeinschaftliche Lösung finden. Hierfür gibt es eine ganze Reihe von Instrumenten, zum Beispiel Interviews, Einzelgespräche, Gruppengespräche, Workshops, Simulationen oder Rollenspiele. Wichtig ist, dass das gewählte Instrument zielführend für die Lösung des Konfliktes ist.

5. Schritt: Vereinbarungen treffen, festhalten und kontrollieren

Für den Abschluss eines Konflikts gilt dasselbe wie für die Verabschiedung einer Strategie: Sie müssen mit den Parteien konkrete Vereinbarungen zum weiteren Vorgehen treffen. Die Vereinbarungen können sich sowohl auf die sachliche, als auch auf die emotionale Ebene beziehen. In jedem Fall empfiehlt es sich, die Vereinbarungen auszuformulieren und schriftlich zu fixieren, um auch eine längerfristige Kontrollierbarkeit zu ermöglichen.

Streben Sie immer eine Win-Win-Lösung an

Innerhalb eines Konfliktes kann man Beteiligter oder Moderator sein. Als Beteiligter ist man emotional und sachlich in den Konflikt und in die damit verbundene Auseinandersetzung involviert. Ein Moderator oder Vermittler stellt dagegen eine neutrale bzw. objektive Instanz dar, die die beteiligten Personen bei der Konfliktlösung unterstützen soll. Je mehr Sie selbst in einen Konflikt involviert sind, desto schwieriger ist es in der Regel, sachlich den Konflikt zu lösen. Daher besteht eine Ihrer wichtigsten Aufgaben bei der Lösung von Konflikten darin, Sach- und Beziehungsebene zu unterscheiden und richtig einzuschätzen. Nur so werden Sie in Konflikten nicht zu emotional oder verlieren das Ziel, nämlich eine konstruktive Lösung, aus den Augen. Generell darf keine der beiden Ebenen bei der Konfliktlösung vernachlässigt werden. Schließlich besteht das Ziel darin, eine Lösung des Problems auf sachlicher Ebene und ein „Wohlfühlen" auf emotionaler Ebene zu erreichen. Alle Beteiligten sollen eine positive Einigung erzielen und von der synergetischen Wirkung der Konfliktlösung profitieren. Sie müssen also eine klare Win-Win-Situation erreichen.

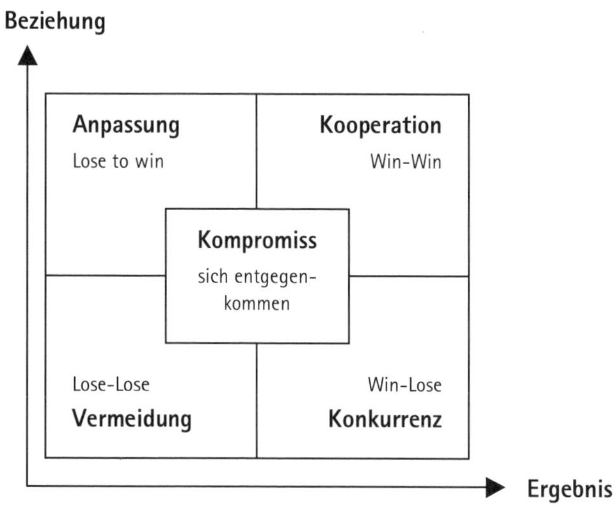

Abb.: Situationen der Konfliktlösung

Es gibt drei Arten der Konfliktbewältigung

Wie aus der Abbildung „Situationen der Konfliktlösung“ hervorgeht, haben Sie im Wesentlichen drei Möglichkeiten, mit Konflikten umzugehen:

1. Sie greifen als übergeordnete Instanz ein.
   Sofern ein Konflikt nicht gelöst wird, besteht er entweder weiter oder eine dritte Partei, meist in Form einer übergeordneten Instanz, greift ein und löst den Konflikt in ihrem Interesse. Auch wenn es bei dieser Variante dazu kommen kann, dass die Lösung durch Dritte nicht notwendigerweise zum Nachteil einer oder beider Parteien führt, bleiben die Identifikation mit der Konfliktlösung sowie die Problembewältigung meist aus.
2. Sie versuchen, ein Commitment zu erzielen.
   Als Führungskraft sind Sie oftmals gezwungen, Entscheidungen gegen Widerstände und Konflikte durchzusetzen. Dann besteht die Herausforderung für Sie darin, Ihre Entscheidung oder was immer Sie durchsetzen wollen, geschickt zu kommunizieren. Auf diese Weise können Sie ein Commitment bei den Konfliktparteien erreichen.
3. Sie suchen einen Kompromiss.
   Die dritte Variante: Sie regeln den Konflikt mittels eines Kompromisses. Dieser führt dazu, dass beide Parteien Zugeständnisse machen und auf die Durchsetzung einiger eigener Ziele verzichten müssen. Auch wenn es sich hierbei um eine eher suboptimale Konfliktlösung handelt, ist die Identifikation mit dem Ergebnis ungleich höher als in der Loose-Loose-Situation.

Ein Kompromiss hat Vorteile

- Es gibt für beide Parteien ein positives Ergebnis,
- das Problem wird erfolgreich bewältigt,
- gemeinsame Lösungen werden weniger hinterfragt und
- wirken darüber hinaus vertrauensbildend.

Das verhindert die Konfliktlösung oft	
Schwarz-Weiß-Denken	Es führt zu einer extremen Beurteilung der Situation („auf dieser Seite stehen die Guten, auf der anderen die Bösen").
Projektion	Eigene Schwächen und Fehler werden geleugnet und auf die Gegenpartei projiziert. Das eigene Handeln erscheint als die einzig angemessene Form, auf die Angriffe der Gegenpartei zu reagieren.
Die Erweiterung des Schlachtfelds	Immer mehr Themen werden Gegenstand des Konflikts, die eigentliche Ursache tritt zunehmend in den Hintergrund.
Der Rückzug	Man schottet sich ab und ist nicht bereit, sich die Argumente der Gegenpartei anzuhören.
Die Ablehnung von Neutralität	Man ist überzeugt, dass eine unparteiische Position nicht möglich ist. („Wer nicht für mich ist, ist gegen mich.") Ein neutraler Vermittler hat nahezu keine Chance.

Es gibt Formen der Konfliktlösung, die schnellen Erfolg versprechen, in Wirklichkeit den Konflikt aber intensivieren und eine konstruktive Lösung erschweren:

Pseudo-Konfliktlösungsstrategien[7]	
Bagatellisieren	Die Bedeutung des Konflikts wird heruntergespielt. **Gefahr**: Mangelnde Vorbereitung bei einer Konfrontation.
Ignorieren	Der Konflikt wird bewusst verdrängt. **Gefahr**: Permanente Anspannung und schließlich Überforderung, wenn er eskaliert.
Instrumentalisieren	Der Konflikt verführt Unbeteiligte, Vorteile aus dem Konflikt zu ziehen. **Gefahr**: Man wird zum Spielball fremder Interessen.
Rationalisieren	Man versucht den Konflikt logisch zu erklären und blendet Emotionen und soziale Einflüsse weit gehend aus. **Gefahr**: Wichtige Ansatzpunkte zur Klärung von Konflikten werden außer Acht gelassen.

[7] Vgl. Fehlau, 2000, S. 71 ff. und Heyse/Erpenbeck, 2003, S. 333 f.

Regressiv reagieren	Zur Lösung des Konflikts greift man auf kindliche Verhaltensmuster zurück (Trotzen, Weinen, Schreien, Weglaufen usw.). **Gefahr**: Man kann sich nicht durchsetzen.
Resignieren	Man zieht sich zurück. Die Konfliktsituation wird als aussichtslos wahrgenommen. **Gefahr**: Flucht/Rückzug mit ggf. problematischen Nebenwirkungen (Alkohol, Drogen, Arbeitssucht, soziale Isolation).
Tolerieren	Man zeigt ein übergroßes Maß an Verständnis und verzichtet auf eigene Standpunkte im Konflikt. **Gefahr**: Man verliert die eigenen Ziele aus den Augen.

Alle diese Strategien sind nicht angemessen, um Konflikten adäquat zu begegnen. Vielmehr führen sie dazu, dass sich bestehende Konflikte verschärfen oder eskalieren. Darüber hinaus gibt es noch eine Reihe unfairer Taktiken, die zu einer weiteren Eskalation führen:

- Ausreden/fadenscheinige Begründungen
- Lügen
- Ausnutzen
- Schaden zufügen
- Konflikte anheizen
- Persönliche Angriffe
- Demütigungen
- Anzweifeln der Kompetenzen anderer

Problematische Konflikt-Typen

Es ist für Sie hilfreich, wenn Sie wissen, dass es zwei Arten von Konflikt-Typen gibt, denn dann können Sie Ihre Verhaltensweisen besser einschätzen und entsprechend reagieren. Natürlich kommen die hier beschriebenen Typen nicht immer in „Reinkultur" vor.

- **Der Konfliktvermeider**
  Er ignoriert und relativiert Konflikte weit gehend, auch persönlichen Ärger spricht er selten an. Dieser Typ will nicht nach den Ursachen für Schwierigkeiten forschen.
  Ihr Vorgehen: Sprechen Sie den Konflikt an, nehmen Sie die Angst vor Bestrafungen oder Sanktionen (zum Beispiel: „Sie dürfen sicher sein, dass wir die Sache so lösen, dass es allen Beteiligten bald besser geht ...").

- **Der Emotionsgeladene**
  Er reagiert bei Konflikten sehr emotional und sagt Dinge, die ihm später Leid tun. Ein vernünftiges, sachliches Gespräch ist sehr schwierig; man fühlt sich sehr schnell von ihm provoziert.
  Ihr Vorgehen: Bleiben Sie ruhig und besonnen. Legen Sie nicht alles auf die Goldwaage, was der Emotionsgeladene sagt. Er ist sich oft nicht darüber klar, dass seine Äußerungen verletzend oder vorwurfsvoll sind. Versuchen Sie, das Gespräch immer wieder auf die Sachebene zu ziehen.

Checkliste: So beweisen Sie Konfliktfähigkeit	✓
Sie wissen, dass die eigenen Auffassungen und Einstellungen nicht mit der „Wahrheit" gleichzusetzen sind.	
Sie haben eine positive Einstellung gegenüber Konflikten: Sie betrachten Konflikte als Möglichkeit, etwas zu verbessern.	
Ihr Ziel ist die Konfliktlösung, nicht die Schuldzuweisung.	
Sie sind an der sachlichen und ruhigen Behandlung von Konflikten interessiert.	
Sie haben eine deutliche und klare Meinung.	
Sie gehen ziel- und lösungsorientiert vor.	
persönliche Angriffe lassen Sie nicht zu.	
Sie meiden die Provokation bzw. aggressives oder rechthaberisches Verhalten.	
Sie erkennen unterschiedliche Konfliktebenen und können zwischen Symptom und Ursache unterscheiden.	
Sie wissen, wie Sie Probleme erfragen und den gegnerischen Standpunkt ermitteln.	
Kritik an Ihrer Person lassen Sie zu und wissen um Ihre Fehlbarkeit.	
Sie sind grundsätzlich an einer Einigung interessiert.	

Selbstcheck

Selbstcheck: Konfliktfähigkeit	Erfüllungs-grad	Zielgrad
Sie versuchen zu überzeugen, statt Druck auszuüben.	7	10
Sie suchen nach einer gemeinsamen Lösung.	7	10
Sie hören Ihrem Konfliktpartner zu.	7	10
Sie versuchen eine angenehme Atmosphäre herzustellen.	4	10
Sie greifen den anderen nicht persönlich an, sondern bleiben sachlich und konzentrieren sich auf das Problem.	7	10
Sie sind für Argumente der Gegenseite grundsätzlich offen.	7	10
Sie finden es interessant, die Dinge einmal aus der Perspektive eines anderen zu betrachten.	8	10
Sie sehen Konflikte als Chance und Möglichkeit zur Verbesserung.	3	10
Sie vermeiden Schuldzuweisungen.	7	10
Sie können Symptom und Ursache eines Konflikts unterscheiden.	3	10
Sie suchen die tatsächlichen Gründe für einen Konflikt.	3	10
Sie vertreten klar und deutlich Ihre Meinung.	6	10
Sie versuchen, die Perspektive der Gegenpartei zu verstehen.	8	10
Summe		

Finden Sie heraus, wie konfliktfähig Sie sind. Nutzen Sie die Chance, erste Ansatzpunkte zu erhalten, an welchen Punkten Sie aktiv arbeiten können, um Ihre Konfliktfähigkeit zu verbessern. Ihre Ziele und Fähigkeiten stellen dabei die Grundlage für die Bewertung dar. Wie hoch ist Ihr aktueller Erfüllungsgrad auf einer Skala von 1-10 (1 = sehr wenig ausgeprägt und 10 = sehr stark ausgeprägt). Machen Sie sich bewusst, welche Bedeutung das Soft Skill für Ihre beruflichen Ziele spielt und spielen wird, und legen Sie Ihren idealen Zielerreichungsgrad ebenfalls auf der Skala von 1-10 fest.
Summieren Sie die Skalenwerte und vergleichen Sie den Erfüllungsgrad und den Zielgrad. Wie groß ist die Kluft zwischen beiden Werten? Oder erfüllen Sie die Fähigkeit in angemessenem Rahmen? Wo sehen Sie Punkte, an denen Sie ansetzen müssen? Nutzen Sie die Chance, Ihre Potenziale gezielt weiterzuentwickeln. Versetzen Sie sich bewusst in solche Situationen, in denen ein entsprechendes Verhalten erforderlich ist, und reflektieren Sie Ihr Vorgehen. Was bereitet Ihnen Schwierigkeiten? Was fällt Ihnen leicht?

Darüber sollten Sie nachdenken

- Welche Konfliktsituationen mussten Sie bisher bewältigen? Wie sind Sie damit umgegangen?
- Welche Konflikte haben Sie bisher bewusst vermieden? Warum?
- Wie ist Ihre generelle Einstellung gegenüber Konflikten? Finden Sie Konflikte positiv oder eher negativ? Warum?
- Welche positiven und negativen Konflikte haben Sie bisher erlebt? Wie haben sich diese unterschieden? Haben Sie Gemeinsamkeiten feststellen können? Wie hätte man die negativen Konflikte zum Positiven wenden können?
- Welche Konflikte haben Sie bisher als Schlichter oder Zuschauer erlebt? Wie sind Sie damit umgegangen? Welche Beziehung hatten Sie zu den beiden Parteien? Wie hat sich diese Beziehung nach dem Konflikt verändert?
- Welche Person aus Ihrem Privat- oder Berufsleben würden Sie als besonders konfliktfähig bezeichnen? Warum? Wie äußert sich das? In welchen Situationen konnten Sie das beobachten? Welche Konsequenzen hat das? Welche Unterschiede stellen Sie in Hinblick auf Ihre eigene Konfliktfähigkeit fest?

Trainingseinheit 4: Konfliktfähigkeit
Überlegen Sie sich unterschiedliche Strategien, wie Sie Konflikte ansprechen können. Differenzieren Sie danach, ob es sich um persönliche oder sachliche Konflikte handelt und in welcher Beziehung Sie zu der anderen Konfliktpartei stehen.
Nutzen Sie die Möglichkeit, bei Konflikten als Schlichter aufzutreten. Sie haben dabei die Chance, Konflikte aus verschiedenen Perspektiven zu erleben. Dadurch werden Sie für unterschiedliche Sichtweisen sensibilisiert und können sich bei eigenen Konflikten besser in die Gegenpartei hineinversetzen. Natürlich ist dies eine verantwortungsvolle Aufgabe. Schätzen Sie Ihre Fähigkeiten realistisch ein und versuchen Sie erst einmal, bei kleinen Konflikten unterstützend einzugreifen. Voraussetzung ist natürlich, dass die Parteien Ihre Hilfe auch annehmen wollen.

2.5 Kritikfähigkeit

Kritik- bzw. Feedbackfähigkeit bedeutet zum einen, die Kritik anderer an eigenen Verhaltensweisen zuzulassen, daraus zu lernen und seine Performance zu verbessern sowie die Fähigkeit, andere Personen konstruktiv zu beurteilen.

In der Kritik- bzw. Feedbackfähigkeit zeigt sich Ihre Größe

Andere zu kritisieren fällt den meisten Menschen leichter, als Kritik einzustecken. Wer Letzteres kann, nutzt damit eine Chance zur persönlichen Weiterentwicklung Die Bereitschaft, sich kritisch von anderen beurteilen zu lassen, ist daher sehr wertvoll für die Entwicklung einer Führungskraft. Ein so genanntes Feedback, in dem Verhaltensweisen einer Führungskraft von anderen, zum Beispiel den Mitarbeitern, beurteilt werden, gibt wichtige Hinweise, wie das eigene Verhalten wirkt. Darüber hinaus erfährt die Führungskraft, wie weit sie von ihrer persönlichen Zielerreichung entfernt ist. Somit ist sie in der Lage, ihr Verhalten zu kontrollieren und einen Vergleich zwischen Selbst- und Fremdwahrnehmung vorzunehmen. Das Verhalten kann angepasst werden, der gewünschte Zielzustand besser und schneller erreicht werden.

Ihre Kritik, bitte!

Will man seine Leistungen und Kompetenzen erweitern, kann es sehr hilfreich sein, Feedback einzufordern. Vielleicht befürchten Sie, dass Ihre Anerkennung im Unternehmen und Ihr Selbstwert infrage gestellt werden. Schade eigentlich, denn Rückmeldungen, die wichtige Informationen zur Verhaltenskontrolle beinhalten und den Ausgangspunkt für Veränderungen darstellen, sind wesentliche Faktoren für Ihren Erfolg als Führungskraft. Nutzen Sie die Chance, von anderen Menschen Feedback zu erhalten, um Ihre eigene Zielereichung aktiv voranzutreiben: „Feedback is breakfast for champions!"

Bloß keine Gemeinheiten

Natürlich bedeutet Feedback nicht, dass der Kritik übende Mitarbeiter der Führungskraft Gemeinheiten an den Kopf schleudert. Kritik bzw. Feedback sind so zu gestalten, dass sie konstruktiv wirken und niemanden verletzen. Zunächst entscheidet der Empfänger darüber, ob er bereit ist, Kritik bzw. Feedback zu erhalten. Nur wenn die Bereitschaft und der Wille dazu vorhanden sind, kann die Rückmeldung auch adäquat aufgenommen werden. Entscheidet sich der Empfänger dagegen, wird die Rückmeldung nicht als Unterstützung empfunden. Die Art und Weise, wie der Sender seine Rückmeldung gibt, entscheidet schließlich darüber, ob Kritik und Anregungen als konstruktiv betrachtet und genutzt werden.

Achtung:

Ein wirksames Feedback kann es nur geben, wenn zwischen Sender und Empfänger eine offene, konstruktive und von gegenseitigem Respekt geprägte Kommunikation gepflegt wird.

So geben Sie konstruktiv Feedback

Wenn Sie einem Mitarbeiter Feedback geben, achten Sie auf folgende Punkte:

- Ihre Kritik muss transparent sein (Verhaltensweisen sind sachlich zu beschreiben und verständlich darzulegen).
- Sie schildern alles so konkret wie möglich (nennen Sie Beispiele für typische Verhaltensweisen, schmücken Sie nichts aus und halten Sie sich an die Fakten).
- Kritisieren Sie niemals persönliche Eigenschaften, sondern immer nur ein bestimmtes Verhalten.
- Verzichten Sie auf Vorwürfe und Angriffe, formulieren Sie vielmehr Wünsche und Anregungen, die dem anderen weiterhelfen.
- Machen Sie klar, welche Folgen das beanstandete Verhalten hat.

Zur Transparenz: Nur wenn der Feedbackgeber offen und ehrlich äußert, was er subjektiv wahrgenommen hat und zu welchen Folgen dieses Verhalten geführt hat, kann der Feedbacknehmer seine Anregungen Gewinn bringend nutzen. Konkret zu sein bedeutet, nicht zu verallgemeinern. Man bezieht sich ausschließlich auf Dinge und Sachverhalte, die tatsächlich stattgefunden haben und benannt werden können.

Dialog-Beispiel:

„Ich habe gestern miterlebt, wie Sie den Raum verlassen haben, nur weil Herr Müller versucht hat, Ihnen den Sachverhalt zu erklären." statt: „Nie sind Sie da, wenn man Sie braucht!"

Man beurteilt nicht die Person, sondern deren Verhaltensweisen. Das ist ein feiner, aber wichtiger Unterschied. Angenommen Sie sagen einem Ihrer Mitarbeiter offen, dass Sie ihn für einen Trödler halten, so müssen Sie sich nicht wundern, wenn dieser sich beleidigt zurückzieht oder heftig verteidigt und die von Ihnen gewünschte Verhaltensänderung ausbleibt. Viel wirksamer ist es, die Verhaltensweisen des Mitarbeiters zu reflektieren, zu benennen und ihm dann zu signalisieren, dass er sie ändern kann. Wenn Sie ihm die Auswirkungen seines Verhaltens beschreiben, verdeutlichen Sie, welche Konsequenzen sein Verhalten hat und motivieren ihn so zu einer Korrektur.

Dialog-Beispiel:

„Sie waren in den letzten Tagen öfter unpünktlich, Herr Müller. Für unsere Kunden ist es aber wichtig, dass Sie punkt 8.00 Uhr erreichbar sind. Ich bitte Sie daher, in Zukunft rechtzeitig zu erscheinen." statt: „Sie sind ein unzuverlässiger Mensch!"

So nehmen Sie konstruktiv Feedback entgegen

Nicht nur Kritik austeilen, auch Kritik einstecken will gelernt sein. Wenn Sie folgende Hinweise ernst nehmen, werden Sie dem Feedback der anderen gewachsen sein und können es Gewinn bringend für sich nutzen.

- Hören Sie aufmerksam zu.
- Fragen Sie bei Verständnisproblemen nach.
- Argumentieren und verteidigen Sie sich nicht.

Checkliste: So werden Sie feedback- bzw. kritikfähig	✓
Beschreiben Sie das zu kritisierende Verhalten so, wie Sie es subjektiv erleben („Wenn ich mit Ihnen zusammenarbeite, fühle ich mich immer so unter Druck!").	
Berichten Sie zeitnah, damit der andere weiß, wovon Sie reden.	
Werden Sie nicht persönlich.	
Beziehen Sie sich auf konkrete Situationen.	
Pflegen Sie einen partnerschaftlichen Ton („Sie wissen, dass ich Sie sehr schätze, aber es erstaunt mich, dass Sie ...").	
Meiden Sie Verallgemeinerungen.	
Senden Sie Ich-Botschaften („Ich wünsche mir, dass Sie ...).	
Bevormunden Sie nicht und geben Sie keine Lösungen vor.	
Reflektieren Sie Ihre eigenen Aussagen, d. h. fragen Sie sich immer erst selbst, wie die von Ihnen beabsichtigte Kritik bei Ihnen ankommen würde.	
Bedanken Sie sich für die Rückmeldung, wenn Sie selbst Feedback erhalten.	

Der Feedbacknehmer muss die Informationen aufnehmen und für sich auswerten. Er argumentiert und rechtfertigt sich nicht, sondern erkennt, welche Konsequenzen seine Verhaltensweisen haben und wie sie auf andere Menschen wirken. Kritik oder Feedback sind kein persönlicher Angriff, sondern eine Hilfestellung für die eigene Entwicklung. Ob das Verhalten tatsächlich geändert wird, liegt natürlich beim Feedbacknehmer. Darüber hinaus ist es entscheidend, in welcher Beziehung Feedbackgeber und -nehmer zueinander stehen. In einer Beziehung, die grundsätzlich von gegenseitigem Respekt geprägt ist, wird der Feedbackgeber darum bemüht sein, den Feedbacknehmer trotz Kritik nicht zu verletzen.

Selbstcheck

Der Selbstcheck auf der folgenden Seite unterstützt Sie dabei herauszufinden, wie kritik- und feedbackfähig Sie sind. Nutzen Sie die Chance, erste Ansatzpunkte zu erhalten, an welchen Punkten Sie aktiv arbeiten können, um Ihre Kritik- und Feedbackfähigkeit zu verbessern. Ihre Ziele und Fähigkeiten stellen dabei die Grundlage für die Bewertung dar. Wie hoch ist Ihr aktueller Erfüllungsgrad auf einer Skala von 1-10 (1 = sehr wenig ausgeprägt und 10 = sehr stark ausgeprägt). Machen Sie sich bewusst, welche Bedeutung das Soft Skill für Ihre beruflichen Ziele spielt und spielen wird, und legen Sie Ihren idealen Zielerreichungsgrad ebenfalls auf der Skala von 1-10 fest.

Summieren Sie die Skalenwerte und vergleichen Sie den Erfüllungsgrad und den Zielgrad. Wie groß ist die Kluft zwischen beiden Werten? Oder erfüllen Sie die Fähigkeit in angemessenem Rahmen? Wo sehen Sie Punkte, an denen Sie ansetzen müssen? Nutzen Sie die Chance, Ihre Potenziale gezielt weiterzuentwickeln. Versetzen Sie sich bewusst in solche Situationen, in denen ein entsprechendes Verhalten erforderlich ist, und reflektieren Sie Ihr Vorgehen. Was bereitet Ihnen Schwierigkeiten? Was fällt Ihnen leicht?

Selbstcheck: Kritikfähigkeit	Erfüllungsgrad	Zielgrad
Sie sind offen für Rückmeldungen und Verbesserungsvorschläge.	4	10
Sie setzen sich konstruktiv mit Kritik und Feedback auseinander.	4	10
Sie fordern Ihr Umfeld aktiv auf, Ihnen Rückmeldung zu geben.	4	10
Sie versuchen, die Anregungen Ihrer Mitarbeiter umzusetzen.	6	10
Sie reflektieren Ihr Verhalten. Sie versuchen, die Anregungen Ihrer Mitarbeiter umzusetzen.	6	10
Sie sehen Feedback und Kritik als Chance zur Verbesserung und persönlichen Weiterentwicklung.	8	10
Sie verfallen bei empfangener Kritik nicht in eine Verteidigungsposition.	6	10
Sie sind in der Lage, Ihren Mitarbeitern, Vorgesetzten und Kollegen positive und negative Rückmeldung zu geben.	8	10
Sie beziehen sich bei Ihrer Kritik auf gezeigtes Verhalten, nicht auf die Persönlichkeit des Kritisierten.	8	10
Sie nennen konkrete Beispiele für das beanstandete Verhalten.	8	10
Sie verdeutlichen dem Feedbacknehmer die Konsequenzen seines Verhaltens.	8	10
Summe		

Darüber sollten Sie nachdenken

- Wann haben Sie das letzte Mal explizit nach Feedback verlangt? Warum? Haben Sie positive oder eher negative Erwartungen gehabt? Wie war es in den übrigen Fällen? Welche Erwartungen hatten Sie an den Feedbackgeber? Inwiefern hat er diese erfüllt bzw. nicht erfüllt? Wie hat sich Ihr Verhalten geändert? Gab es Punkte, die Sie nicht ändern konnten bzw. wollten? Worauf führen Sie das zurück? Was haben Sie vor dem Feedback über diese Punkte gedacht?

- Wie gehen Sie mit Kritik um? Überlegen Sie, wann Sie das letzte Mal Kritik erfahren haben. Wie haben Sie reagiert? Was hat sich danach für Sie geändert?
- Wann haben Sie das letzte Mal eine andere Person kritisiert? Warum? Wie haben Sie die Kritik vorgebracht? Wie hat sich die betroffene Person gefühlt? Hat sich das Verhältnis zwischen Ihnen verändert? Wenn ja, wie?
- Welche Person aus Ihrem Privat- oder Berufsleben würden Sie als besonders kritikfähig bezeichnen? Warum? Wie äußert sich das? In welchen Situationen konnten Sie das beobachten? Welche Konsequenzen hat das? Welche Unterschiede stellen Sie in Hinblick auf Ihre Feedback- und Kritikfähigkeit fest?

Trainingseinheit 5: Kritikfähigkeit
Bitten Sie in unterschiedlichen Situationen um Feedback und nutzen Sie die Chance, Ihr Selbstbild mit Ihrem Fremdbild abzugleichen.
Vergleichen Sie einmal das Feedback, das Sie im Privatleben von Ihrem Partner, Ihren Verwandten oder Freunden bekommen mit dem Feedback, das Sie im Berufsleben erhalten. Gibt es Überschneidungen zwischen den Rückmeldungen? Welche Punkte sind eher widersprüchlich? Wie erklären Sie sich das?
Versuchen Sie anderen Menschen Feedback zu geben. Oftmals ist es viel schwieriger, konstruktiv Feedback zu äußern, als zu erhalten. Nutzen Sie die Chance und geben Sie in unterschiedlichen Situationen Rückmeldung darüber, was Sie wahrgenommen haben. Sie werden sehen, dass es Ihnen mit der Zeit immer leichter fällt.
Machen Sie sich Notizen über kritische Punkte, die Ihnen genannt wurden und reflektieren Sie diese nach einer gewissen Zeit erneut. Sind Sie wieder in alte Muster verfallen oder haben Sie Ihr Verhalten langfristig ändern können?

2.6 Networking

> Networking beschreibt die Fähigkeit, Kontakte aufzubauen, zu pflegen und für die eigenen Ziele zu nutzen.

Sind Sie ein Networker?

Erfolgreiche Networker knüpfen leicht und gerne Kontakte. Sie haben Spaß daran, neue Menschen kennenzulernen und zusammenzuführen. Aber beim Networking geht es natürlich um weit mehr als die Freude an neuen Bekanntschaften. Ziel ist es, möglichst solche Personen kennenzulernen und zu einem Beziehungsnetz zusammenzuführen, die mit ihren Erfahrungen, ihrem Wissen und ihren Verbindungen die berufliche und persönliche Entwicklung fördern.

Ich kenne da jemanden ...

Erfolgreiche Networker erkennt man daran, dass Sie immer jemanden empfehlen können, der bei diesem oder jenem Problem weiterhilft. Networker sind auch über ihr eigenes berufliches Feld hinaus hervorragend vernetzt. Gerade darin liegt der Vorteil eines Netzwerks: Die verschiedensten Perspektiven können eingebracht und genutzt werden.

Finden Sie Ihren Networking-Stil

Es gibt viele Wege, Netzwerke aufzubauen. Welcher für Sie infrage kommt, hängt von Ihrer Persönlichkeit, Ihren Ziele und Interessen ab. Introvertierte Menschen, die tendenziell eher Probleme damit haben, andere kennenzulernen, können versuchen, über Fachgespräche neue Kontakte zu knüpfen.

Tipp:

Lassen Sie einen Workshop, ein Seminar, eine Besprechung mit externen Fachleuten nicht verstreichen, ohne um ein Visitenkärtchen gebeten zu haben.

Falls Sie eine eher extravertierte Personen sind, werden Sie vermutlich keine Scheu haben, jede Gelegenheit zu nutzen, neue Kontakte

zu knüpfen. Dazu gehören auch private Anlässe und persönliche Gespräche. Ob Sie beim Aufbau eines Netzwerks eher den fachlichen oder den persönlichen Einstieg bevorzugen, ist im Grunde gleichgültig – beide Arten können zu sehr erfolgreichen und inhaltsstarken Kontakten führen. Wichtig ist, dass Sie eine Strategie wählen, die zu Ihrer eigenen Persönlichkeit passt und nicht aufgesetzt wirkt. Lassen Sie sich ruhig etwas Zeit, um Ihren eigenen Stil zu finden. Probieren Sie Verschiedenes aus, dann werden Sie bald merken, welcher Weg für Sie der richtige ist.
Sie müssen auch ein Gefühl dafür entwickeln, auf welche Menschen Sie in welcher Form zugehen können. Manche Menschen finden es völlig in Ordnung, wenn man sie schon nach ein wenig Small Talk um ihre Visitenkarte bittet, andere nicht. Sie müssen Ihr Verhalten auf die Bedürfnisse des potenziellen Kontaktpartners abstimmen. Sie merken: Networking ist eine sehr planerische Aufgabe und hat wenig mit unstrukturierten Unterhaltungen am Rande zu tun.

Networking hat nichts mit Ausnutzen zu tun

Kontakte und Netzwerke sind keine Einbahnstraße, man kann sie nicht einseitig nutzen und gebrauchen. Sie leben vom Austausch. Es stellt sich nicht nur die Frage, was der Kontaktpartner zu bieten hat, sondern auch, was Sie selbst einbringen können. Wissen Sie, was Sie anderen Menschen geben können? Überlegen Sie einmal, wie Kontaktpartner von Ihnen profitieren können. Was macht Sie einzigartig? Es ist wichtig, dass Sie sich darüber im Klaren sind, denn nur dann können Sie Gesprächspartnern Ihre Fähigkeiten wirkungsvoll präsentieren. Ein wichtiger Teil des Networkings besteht also darin, Selbstmarketing zu betreiben. Damit ist nicht Protzerei gemeint. Es geht darum, dass Sie Ihre Kenntnisse und Fähigkeiten so darstellen können, dass andere sie interessant finden und bei Gelegenheit darauf zugreifen möchten. Es ist nicht erforderlich, dass Sie alle Ihre Kompetenzen offen legen, beschränken Sie sich auf das Wesentliche. Was ist wirklich interessant für Ihren Gesprächspartner? Wo gibt es Überschneidungen zwischen Ihrer und seiner Tätigkeit? Beobachten Sie, wie sich diese Überschneidungen entwickeln. Möglicherweise gibt es mit der Zeit mehr Anknüpfungspunkte. Nur wenn Sie das wissen, können Sie diese nutzen.

Sagen Sie, wo Sie Unterstützung brauchen

Sie sollten die anderen Personen auch wissen lassen, was Sie brauchen und wie man Sie fördern kann. Wenn Sie andere nicht darüber informieren – wie sollten sie davon erfahren und warum sollten sie Sie fördern? Das Gleiche gilt natürlich für Ihre Kontakte. Sie wissen nicht nur, was die anderen Personen können, sondern auch, was sie suchen. Networking bedeutet, Ihrem Kontaktpartner Hilfe bei Problemen oder Projekten anzubieten, ohne dass Sie direkt eine Gegenleistung erwarten. Es kann sogar sein, dass Sie mehrmals unterstützend wirken, ohne selbst Hilfe in Anspruch zu nehmen.

Achtung:

Achten Sie darauf, dass Sie von Ihrem Kontakt nicht ausgenutzt werden. Ebenso wenig wie Sie Kontakte nicht aus rein egoistischen Gründen nutzen sollen, sollten Sie sich auch nicht von anderen instrumentalisieren lassen. Sprechen Sie diese Probleme offen an, denn in manchen Fällen ist es Ihrem Gesprächspartner gar nicht bewusst, dass dieser Eindruck entstanden ist.

Sie müssen wissen, was sie wollen

Voraussetzung für ein professionelles Netzwerk-Management ist die Klarheit über private und berufliche Ziele. Welche Ziele haben Sie? Was möchten Sie erreichen? Welche Kompetenzen haben Sie diesbezüglich schon aufzuweisen? Welche bedürfen einer Vertiefung? Nur wenn Sie sich darüber im Klaren sind, können Sie abschätzen, welchen Energieaufwand Sie in bestimmte Kontakte stecken sollten. In Anlehnung an Ihre Ziele können Sie Situationen und Möglichkeiten definieren, die Ihnen zu Kontakten verhelfen, die Ihre beruflichen und persönlichen Ziele unterstützen. Sei es, dass Sie Seminare oder Kongresse besuchen oder in verschiedenen Foren aktiv werden. Das Internet bietet zunehmend Möglichkeiten, sich in spezifischen „Peergroups" zu verankern. Networking ist strategische Arbeit und kein zwangloser, freundschaftlicher Austausch. Zwischenmenschliche Beziehungen sind zweitrangig und spielen selten eine dominierende Rolle. Ideen und Ziele stehen im Vordergrund. Es ist eher Zufall, wenn berufliche Kontakte in freundschaftliche Beziehungen übergehen.

Kontakte fruchten manchmal erst später

Oftmals zeigt sich der Nutzen eines Kontaktes erst nach einiger Zeit. Ein Anfänger in Sachen Networking kann oft nicht abschätzen, wann und ob ein möglicher Kontakt in Zukunft hilfreich sein kann. Hingegen verstehen es erfolgreiche Networker sehr gut, strategisch und zielorientiert Kontakte zu knüpfen und auszubauen. Dabei kalkulieren sie ein, dass ein Kontakt nicht direkt, aber indirekt nützlich sein kann: Man wird von der Person an Dritte weiterempfohlen. Es lohnt sich daher, auch branchen- und geschäftsübergreifende Kontakte zu knüpfen und darüber hinaus Bekannte und Freunde miteinander zu vernetzen.

Networking beginnt mit Small Talk

Ein sehr wichtiges Hilfsmittel für erfolgreiches Networking ist der Small Talk. Small Talk hat das Ziel, eine positive, lockere und vertrauensvolle Gesprächsatmosphäre zu schaffen. Wie harmonisch ein Gespräch verläuft, hängt entscheidend von den ersten Sätzen ab, mit denen Sie in ein Gespräch einsteigen, aber auch vom ersten Eindruck, den Sie bei Ihrem Gesprächspartner hinterlassen. Die leichte Unterhaltung ist in Wirklichkeit alles andere als leicht. Machen Sie sich bewusst, wie Sie auf den ersten Blick auf andere wirken, indem Sie beispielsweise gute Freunde oder Geschäftspartner fragen, wie Sie bei der ersten Kontaktaufnahme auf sie gewirkt haben. Denken Sie darüber nach, wie Freundschaften entstanden sind: Haben Sie von Anfang an locker drauflos geplaudert oder haben sich beide Seiten nur langsam aufeinander zu bewegt? Vertrauen und zwischenmenschliche Beziehungen sind sehr wichtig und entstehen nicht über Nacht. Dazu bedarf es einiger Arbeit. Die Fähigkeit, ein scheinbar belangloses Gespräch zu einem zielführenden und inhaltsreichen Informationsaustausch zu entwickeln, ist die Schlüsselkompetenz eines erfolgreichen Networkers.

Worüber reden?

Zunächst stellt sich die Frage, wie Sie in ein Gespräch einsteigen. Es eignen sich definitiv nicht alle Themen gleichermaßen zur ersten Kontaktaufnahme. Sie müssen einen Gesprächsstoff finden, der absolut unverfänglich ist. Hier ein paar Anregungen[8], wie Sie in einen Small Talk einsteigen können:

- Bei Veranstaltungen: die Anreise, das Wetter, Erfahrungen bei der letzten Veranstaltung, das Thema, die Gäste, die Organisation
- bei Geschäftsessen: Kulinarisches, Geschäftliches, Humorvolles (Anekdoten, witzige Erlebnisse)
- bei Messen: Besucherstrom dieses und letztes Jahr, die Optik des Stands, Abendprogramm
- auf Reisen: Reiseziel, Reiseplanung, besondere Erlebnisse auf Reisen, Fortbewegungsmittel (Autos, Flugzeug, Bahn)
- bei Kundengesprächen: offensichtliche Vorlieben und Hobbys des Kunden (bei Hausbesuchen), das Befinden, allgemeine Trends/Wünsche/Bedürfnisse auf Kundenseite, Erfahrungen mit diesem oder einem ähnlichen Produkt
- beim Warten: das Offensichtliche („Dieser Kopierer braucht wirklich mal eine Generalüberholung." – „Nur noch fünf Minuten, bis der Dozent eintrifft." etc.)
- bei Feiern: Freude, den anderen zu sehen, das Motto der Feier, das Programm, das Essen

Gehen Sie unter Menschen!

Netzwerke basieren auf dem Prinzip des informellen Informationsaustauschs. Gerade außerhalb von Meetings oder Verhandlungen werden oft wichtige Informationen ausgetauscht. Orte, die Sie aus diesem Grund ruhig öfter aufsuchen sollten, sind Meetingpoints, die Cafeteria oder Aufenthaltsräume. Hier knüpfen Sie mehr Kontakte als an Ihrem Schreibtisch und erhalten wichtigere Informationen als bei offiziellen Zusammenkünften. Nutzen Sie auch immer die Gelegenheit zu persönlichen Gesprächen, beispielsweise bei Seminaren und Veranstaltungen. Sie eignen sich hervorragend für die interne und externe Netzwerkbildung, weil es hier fast immer eine Möglichkeit für inoffizielle Gespräche gibt (Pausen, gemeinsame Mahlzeiten, Rahmenprogramm etc.) Absolut vertrauliche Informationen können Sie bei solchen Zusammenkünften natürlich nicht erfahren. Sie werden in Netzwerken gewöhnlich nicht preisgegeben.

---

[8] Vgl. Nöllke, 2006.

Diese Themen meiden Sie besser

Vermeiden Sie unbedingt stark polarisierende oder kontroverse Themen. Sie könnten jemandem vor den Kopf stoßen oder gar einen Streit provozieren. Auch soziale Vergleiche über Status und Macht sind eher kontraproduktiv für eine entspannte Gesprächsatmosphäre. Es geht auch nicht darum, sich besonders intellektuell oder belesen zu zeigen, Sie wollen nur angenehme und freundliche Gesprächsatmosphäre schaffen. Hemmungen und Ängste können Sie mit etwas Übung abbauen. Versuchen Sie, in unterschiedlichen Situationen immer wieder auf Leute zuzugehen, sie anzusprechen und mit ihnen ins Gespräch zu kommen. Sie werden merken, dass Sie mit der Zeit sicherer werden. Der Einstieg fällt Ihnen zunehmend leichter und die Hemmungen treten immer mehr in den Hintergrund. Es ist nun einmal so: Sie finden nur dann heraus, welcher Gesprächseinstieg Erfolg verspricht, wenn Sie es ausprobieren. Und eins ist sicher: Viele Menschen werden froh darüber sein, dass Sie den Anfang gemacht haben!
Vielleicht haben Sie Angst vor dem ersten Gespräch, weil Sie befürchten, aufdringlich zu wirken? Hier ein Tipp, wie Sie rasch feststellen, ob jemand an einer Unterhaltung mit Ihnen interessiert ist:

Tipp:

Erwidert der Gesprächspartner Ihren Blickkontakt, hört er Ihnen zu, nickt er freundlich? Dann haben Sie grünes Licht. Schaut er weg und antwortet nur einsilbig? Dann lohnt es sich nicht weiterzureden. Verabschieden Sie sich auf einem Stehempfang oder einer Veranstaltung zum Beispiel mit den Worten: „Entschuldigen Sie mich bitte, ich habe da gerade einen Bekannten entdeckt." So einfach ist das.

Kontakte müssen gepflegt werden

Kontaktstärke ist also eine wichtige Fähigkeit, um ein Netzwerk aufzubauen. Aber genauso wichtig ist die Kontaktpflege. Sie müssen Ihre Kontakte langfristig nutzbar machen. Das bedeutet, dass Sie einen großen Teil Ihrer Zeit dem Netzwerk widmen müssen. Melden Sie sich in regelmäßigen Abständen bei Ihren Kontaktpersonen, bleiben Sie im Gedächtnis. Bedanken Sie sich nach wichtigen Terminen oder Gesprächen. Seien Sie aufmerksam. Merken Sie sich wichtige Termine Ihres Kontakts wie Geburtstage und Jubiläen; lassen Sie ihm eine Kleinigkeit zukommen. Das sind kleine Aufmerksamkeiten, die geschätzt werden und im Gedächtnis bleiben. Wenn Sie einen interessanten Artikel lesen und wissen, dass dieser auch für Ihren Kontakt interessant sein könnte, schicken Sie ihm diesen zu. Dadurch zeigen Sie, dass Ihnen die Beziehung wichtig ist und Sie gerne in sie investieren.

Tipp:

Wenn Ihnen jemand bei einer Sache geholfen hat, lassen Sie ihm Informationen über den Fortgang der Angelegenheit zukommen. Zeigen Sie Ihre Dankbarkeit nachträglich und erklären Sie, was Sie durch seine Hilfe gewonnen haben.

Das beinhaltet Networking

- Kontaktstärke
- Aufgeschlossenheit
- die Fähigkeit, auf andere zugehen zu können
- gutes Zuhören
- Small Talk
- die Kenntnis der eigenen Ziele
- Nutzenorientierung
- Gegenseitigkeit
- die Pflege bestehender Kontakte
- Unterstützung
- ein langfristiges und zielorientiertes Vorgehen

Selbstcheck

Der Selbstcheck auf der folgenden Seite unterstützt Sie dabei herauszufinden, wie kontaktfähig Sie sind. Nutzen Sie die Chance, erste Ansatzpunkte zu erhalten, an welchen Punkten Sie aktiv arbeiten können, um Ihre Kontaktfähigkeit zu verbessern. Ihre Ziele und Fähigkeiten stellen dabei die Grundlage für die Bewertung dar. Wie hoch ist Ihr aktueller Erfüllungsgrad auf einer Skala von 1-10 (1 = sehr wenig ausgeprägt und 10 = sehr stark ausgeprägt). Machen Sie sich bewusst, welche Bedeutung das Soft Skill für Ihre beruflichen

Ziele spielt und spielen wird, und legen Sie Ihren idealen Zielerreichungsgrad ebenfalls auf der Skala von 1-10 fest.

Selbstcheck: Networking	**Erfüllungsgrad**	**Zielgrad**
Sie haben eine angenehme, sympathische Ausstrahlung.	8	10
Sie können andere Personen für sich einnehmen.	8	10
Es fällt Ihnen leicht, offen auf Menschen zuzugehen.	8	10
Sie können in unterschiedlichen Situationen angemessen kommunizieren.	8	10
Sie haben Spaß an Small Talk.	8	10
Sie interessieren sich für die Belange anderer Menschen.	9	10
Sie bauen auch Kontakte zu Personen auf, die aus einem anderen sozialen oder beruflichen Umfeld stammen.	3	5
Sie verfügen über eine ausreichende Zahl an Kontakten, die Sie bei beruflichen Problemen ansprechen können.	3	10
Sie verfügen über umfangreiche berufliche Kontakte.	3	~~10~~ 5
Sie geben Kontakte weiter.	3	5
Summe		

Summieren Sie die Skalenwerte und vergleichen Sie den Erfüllungsgrad und den Zielgrad. Wie groß ist die Kluft zwischen beiden Werten? Oder erfüllen Sie die Fähigkeit in angemessenem Rahmen? Wo sehen Sie Punkte, an denen Sie ansetzen müssen? Nutzen Sie die Chance, Ihre Potenziale gezielt weiterzuentwickeln. Versetzen Sie sich bewusst in solche Situationen, in denen ein entsprechendes Verhalten erforderlich ist, und reflektieren Sie Ihr Vorgehen. Was bereitet Ihnen Schwierigkeiten? Was fällt Ihnen leicht?

Darüber sollten Sie nachdenken

- Fällt es Ihnen leicht, Kontakte zu knüpfen? Wie viele Kontakte haben Sie in den letzten drei Monaten geknüpft? Wie sind Sie vorgegangen? Wie pflegen Sie diese Kontakte?
- Wie knüpfen Sie neue Kontakte? Werden Sie eher angesprochen oder ergreifen Sie gerne die Initiative?
- Wie leiten Sie neue Gespräche ein? Wie stellen Sie sich vor? Wie gehen Sie bei verschiedenen Anlässen vor (Veranstaltungen, Geschäftsessen, Kundenbesuch etc.)? Sind Sie zufrieden mit diesem Vorgehen?
- Wann haben Ihnen Kontakte weitergeholfen? Wie haben Sie diese wiederbelebt? Wie hat sich Ihr Verhalten zu der Kontaktperson nach erfolgter Hilfe verändert? Wie haben Sie sich bedankt?
- Zu wie vielen Ihrer Kontakte pflegen Sie eine freundschaftliche Beziehung? Waren die Ursachen für die Kontaktaufnahme anfänglich privat oder beruflich? Welchen prozentualen Anteil haben die ausschließlich beruflichen Kontakte?
- Wie „breit" ist Ihr Netzwerk? Pflegen Sie auch Kontakte zu fachfremden Personen? Welche Möglichkeiten sehen Sie, dass diese Ihnen bei Ihren beruflichen oder privaten Zielen weiterhelfen?
- Welche Person aus Ihrem Privat- oder Berufsleben würden Sie als besonders kontaktfähig bezeichnen? Warum? Wie äußert sich das? In welchen Situationen konnten Sie das beobachten? Welche Konsequenzen hat das? Welche Unterschiede stellen Sie in Hinblick auf Ihre Kontaktfähigkeit fest?

Trainingseinheit 6: Networking
Überlegen Sie sich einige Varianten, wie Sie einen Small Talk mit fremden Personen beginnen können.
Finden Sie Ihre eigene Art der Vorstellung für verschiedene Anlässe. Denken Sie darüber nach, wie Sie es schaffen, langfristig bei Ihrem Gesprächspartner im Gedächtnis zu bleiben. (Bauen Sie ihm eine Eselsbrücke zu Ihrem Namen. Erzählen Sie eine interessante Anekdote oder eine lustige Geschichte, damit er sich auch einige Zeit später an Sie erinnert.)
Nutzen Sie die Chance, Kontakte zu knüpfen und Ihre Kontaktfähigkeit zu trainieren. Nehmen Sie sich vor, in verschiedenen Situationen fremde Menschen anzusprechen und mit Ihnen in Kontakt zu kommen. Dafür bieten sich unendlich viele Möglichkeiten: im Café, auf einer Party, auf Veranstaltungen, in der Flughafenlobby. Welche Schwierigkeiten haben Sie? Wo und wann fühlen Sie sich gut? Welches Vorgehen bewährt sich?
Systematisieren Sie Ihre Kontakte. Legen Sie sich einen Ordner mit den vorhandenen Kontakten an. Denken Sie intensiv darüber nach, über welche Kontakte Sie bereits verfügen und möglicherweise als solche nicht wahrnehmen (z. B. der alte Schulfreund, der seit einigen Jahren im Ausland tätig ist, Ihr Nachbar oder der Vorgesetzte Ihres Partners). Listen Sie alle diese Kontakte systematisch auf. Notieren Sie sich, woher Sie denjenigen kennen, was Sie mit ihm verbinden, welchen Erfahrungshintergrund er besitzt und welche gemeinsamen Bekannten Sie haben.
Gliedern Sie neue Kontakte systematisch in die Liste ein. Wann haben Sie diese Person kennen gelernt? Was war der Anlass? Haben Sie gemeinsame Bekannte? Wurden Sie vorgestellt? Wenn ja, von wem? Worüber haben Sie sich unterhalten? Was sind mögliche berufliche oder persönliche Gemeinsamkeiten? Was macht der Kontakt beruflich? Haben Sie irgendwelche Vereinbarungen getroffen?
Überlegen Sie, wie Sie Ihr Netzwerk aktiv erhalten können. In welchen Abständen melden Sie sich bei Ihren Kontakten? Lassen Sie Ihren Kontakten auch ungefragt für sie wichtige oder interessante Informationen zukommen? Kennen Sie die wichtigsten Daten Ihrer Kontaktpersonen? Kleine Aufmerksamkeiten erhalten nicht nur die Freundschaft, sondern auch das Netzwerk. Verinnerlichen Sie sich diesen Gedanken und betreiben Sie eine aktive Netzwerkpflege.

2.7 Teamfähigkeit

Teamfähigkeit beschreibt die Bereitschaft und Fähigkeit, mit anderen Menschen produktiv und zielorientiert zusammenzuarbeiten.

Teamfähigkeit – mehr als ein Modewort

Sicher haben Sie bei der Lektüre von Stellenanzeigen bemerkt, dass die Teamfähigkeit zu den beliebtesten Anforderungen gehört. Ob die Verfasser dieser Anzeigen damit tatsächlich Teamfähigkeit meinen oder lediglich zum Ausdruck bringen wollen, dass im Unternehmen auch noch andere Personen tätig sind, stellt sich oft erst heraus, wenn man die tatsächlichen Arbeitsaufgaben und die Anforderungen des Unternehmens kennt.

Teamfähigkeit bedeutet, sich gegenseitig fördern und seine Arbeitskraft in ein Team integrieren zu können. Gleichzeitig ist gemeint, dass der Mitarbeiter den Erfolg des Teams über die individuelle Einzelleistung stellt. Das hat nichts mit Selbstaufgabe oder Unterordnung zu tun. Es geht darum, offen für die Beiträge und Meinungen anderer zu sein und ein gemeinsames Ziel zu verfolgen. Teamfähig ist eine Person dann, wenn sie selbstständig denkt und handelt, produktiv mit anderen zusammenarbeitet und die gegenseitige Unterstützung der Teammitglieder als Bereicherung betrachtet.

Wann spricht man von einem Team?

Ein Team besteht aus einer Gruppe von Menschen, die über unterschiedliche fachliche, methodische sowie soziale und personale Kompetenzen verfügen, die auf ein gemeinsames Ziel hin entwickelt werden müssen. Welche Kompetenzen in einem Team gebündelt werden, hängt immer von der Aufgabe und dem Ziel ab. Das Problem ist: Teamfähigkeit kann nicht von oben verordnet werden. Der persönliche Wille und die Bereitschaft der Mitarbeiter sind entscheidend. Führungskräfte können also nur indirekt Einfluss auf die Teamarbeit ausüben, indem Sie ein Team nach bestimmten Kriterien zusammensetzen und es gezielt unterstützen. Führung, Organisation und Unternehmenskultur können Teamarbeit und Teamfähigkeit fördern, aber nicht erzwingen.

So ist Teamarbeit erfolgreich

- Strukturelle und organisatorische Voraussetzungen
  Innerhalb des Unternehmens muss es für die Teammitglieder möglich sein, ihre Rolle adäquat auszufüllen. Sie sollten im erforderlichen Ausmaß von ihren sonstigen Aufgaben freigestellt bzw. entlastet werden.
- Teamzusammenstellung/Qualifikation
  Das Team muss alle Kompetenzen abdecken, die zur Aufgabenbewältigung erforderlich sind. Die Zusammenstellung muss fach- und bereichsübergreifend stattfinden können, damit eine effektive Ausnutzung von Synergieeffekten möglich ist. Dabei sind nicht nur die fachlichen, sondern auch die persönlichen und sozialen Kompetenzen zu berücksichtigen. Die individuellen Fähigkeiten sollen sich ergänzen und ein effektives Zusammenarbeiten ermöglichen.
- Interne Organisation des Teams
  Das Team muss sich auf verbindliche Ziele, Vorgehensweisen und Absprachen einigen. Klare Zielorientierung bedeutet auch, dass Termine eingehalten und Vorgaben berücksichtigt werden. Jedes Mitglied ist für die Zielerreichung verantwortlich.
- Individuelle Einstellung der Teammitglieder
  Die Teammitglieder müssen gemeinsam an der Aufgabe arbeiten wollen. Dazu gehört, dass sie ein „Wir-Gefühl“ entwickeln und einander Vertrauen und Loyalität entgegenbringen. Die Basis dafür ist eine offene und zielorientierte Kommunikation und Interaktion.

Warum Teams manchmal scheitern

Das Scheitern von Teams ist meist auf strukturelle oder persönliche Ursachen zurückzuführen. Es gibt:

- divergierende Interessen zwischen Projekt- und Abteilungsaufgaben,
- ein individuelles Bedürfnis nach Selbstdarstellung, Konkurrenzverhalten sowie Machtkämpfe,
- Kommunikationsschwierigkeiten, verdeckte oder wenig zielgerichtete Kommunikation,
- mangelnde Informationsbereitschaft,

- fehlende gemeinsame Ziele,
- eine Misstrauenskultur/fehlendes Vertrauen und Loyalität,
- Autoritätsdenken,
- Zeitmangel (die Teammitglieder wurden nicht in erforderlichem Maße von ihren anderen Aufgaben befreit),
- fehlende Verbindlichkeit,
- mangelnde Disziplin.

Phasen der Teamentwicklung

Erfolgreiche Teamarbeit stellt sich nicht über Nacht ein, sie muss vorbereitet werden. Im Laufe der Zeit durchlaufen Teams mehrere Phasen. Die Übergänge sind fließend und abhängig von dem jeweiligen Team. Der im Folgenden dargestellte Ablauf ist somit lediglich ein Modell:

1. Phase: Forming – Gruppenbildung

Das Team befindet sich in der Orientierungsphase. Es werden unterschiedliche Verhaltensmuster ausprobiert und man kommt sich langsam näher. Unsicherheit und Neugier sind kennzeichnend für diese Phase.

2. Phase: Storming – Auseinandersetzung

Das Team befindet sich in der Konfrontations- und Konfliktphase. Offene und verdeckte Konflikte werden ausgetragen und jeder versucht seine Rolle im Team zu finden bzw. sich optimal zu positionieren. Es kommt zu Subgruppen, Meinungsverschiedenheiten und Rebellion. Gruppennormen werden festgelegt und etabliert.

3. Phase: Norming – Einigung auf gemeinsame Ziele

Das Team befindet sich in der Konsens- und Kooperationsphase. Ein „Wir-Gefühl" bildet sich heraus und das Vertrauen in die anderen sowie zu sich selbst wächst. Der Zusammenhalt wird gestärkt und feste Rollen- und Aufgabenverteilungen bilden sich heraus. Gegenseitiger Respekt, Akzeptanz und Engagement bestimmen das Miteinander.

4. Phase: Performing – Leistungserbringung

Das Team befindet sich in der Integrations- und Leistungsphase und kann endlich seine Stärken ausspielen. Die ideenreiche und flexible Arbeitsweise führt zu einer funktionalen und für alle zufrieden stellenden Aufgabenerfüllung. Durch das erstarkte „Wir-Gefühl" entwickelt sich ein offenes und kollegiales Klima. Die Identifikation mit dem Team ist hoch und eigene Ziele gehen in den Teamzielen auf. Die gesamte Energie wird auf die Leistungserstellung konzentriert.

	Ziel	Aufgabe	Merkmale des Teams
Forming	Orientierung	• Kennen lernen • Ziele ableiten und definieren • Struktur und Methoden entwickeln	• Verschlossenheit • Unsicherheit • Neugier
Storming	Konfrontation	• Austausch gegenseitiger Erwartungen • Diskussion	• Konflikte • Rollensuche • Individualität • Positionierung • Unausgeglichene Kommunikation • Angst
Norming	Konsens und Kooperation	• Offener Austausch • Zielkonsens • Festlegen der Strategie	• „Wir-Gefühl" • Akzeptanz • Respekt • Wertschätzung • Offene Kommunikation
Performing	Integration	• Effizienzsteigerung • Definieren von Leistungsstandards • Reflexion	• Erstarktes „Wir-Gefühl" • Gemeinsame Zielausrichtung • Flexible Arbeitsweise

Abb.: Phasen der Teamentwicklung

Die Rollen in einem Team

In jedem Team gibt es verschiedene Rollen. Für den Teamleiter bedeutet Teamfähigkeit folglich etwas anderes als für ein Mitglied des Teams. Betrachten wir die Rollen und ihre Beziehung zum Team etwas näher:

- Führungskraft
  Als Führungskraft sind Sie nicht direkt in die Teamarbeit involviert, sondern gestalten vornehmlich die Rahmenbedingungen. Gemeinsam mit anderen Führungskräften legen Sie die Kompetenzen des Teams fest und sind für die Auswahl der Teammitglieder verantwortlich. Sie besitzen disziplinarische Weisungsbefugnis gegenüber einzelnen Mitgliedern und sind Ansprechpartner rund um das Thema Zielvereinbarung.
- Teamleiter
  Der Teamleiter besitzt nur in seltenen Fällen disziplinarische Verantwortung, nämlich dann, wenn Führungsrolle und Teamleiterrolle identisch sind. Meistens verfügt er ausschließlich über fachliche Weisungsbefugnis. Er hat die Aufgabe, das Team zu koordinieren und die interne Zusammenarbeit zu ermöglichen. Darüber hinaus ist er Ansprechpartner für die Führungskraft und präsentiert die Ergebnisse des Teams in unterschiedlichen Gremien.
- Teammitglied
  Die einzelnen Teammitglieder sind für spezifische fachliche Aufgaben verantwortlich. Sie müssen außerdem sicherstellen, dass die übrigen Teammitglieder mit allen für sie notwendigen Informationen versorgt werden. Das Teammitglied hat die Gestaltung der einzelnen Teilaufgaben immer auf das Gesamtziel auszurichten.

Sieben Mitarbeiter pro Team sind ideal

Die Teamfähigkeit wird auch durch die Größe des Teams bestimmt. Um eine gewisse produktive Vielfalt zu erreichen, ist es erforderlich, dass das Team eine bestimmte Größe besitzt. Nur dann ist gewährleistet, dass die erforderlichen Erfahrungen, Kenntnisse und Fertigkeiten in der Gruppe präsentiert sind. Ein Team darf aber auch nicht zu viele Mitglieder haben, da ansonsten die Aufspaltung in Subteams droht. Dadurch verliert das Team seine Effektivität. Die Interaktions- und Kommunikationsbedingungen verschlechtern sich, die produktive Arbeit des Teams wird behindert.

Achtung:

Untersuchungen haben gezeigt, dass die optimale Teamgröße aus sieben Personen besteht. Der Leistungszuwachs eines Teams verringert sich durch Hinzufügen eines achten Mitglieds. Ab elf Teammitgliedern ist er sogar rückläufig. Letztlich wird die Größe eines Teams aber insbesondere von der Aufgabenstellung und Zielsetzung bestimmt. Je größer ein Team ist, desto komplexer und damit undurchschaubar werden die Beziehungen untereinander. Die Anforderungen an die Teamfähigkeit der Mitglieder steigen nicht zuletzt wegen der zunehmenden Kommunikations- und Abstimmungsprozesse.

Das beinhaltet Teamfähigkeit

- sich in eine Gruppe einordnen können, ohne seine Individualität aufzugeben
- Akzeptanz der Teammitglieder
- Respekt gegenüber den Teammitgliedern
- gemeinsame Zielverfolgung
- gegenseitige Unterstützung
- eine offene und direkte Kommunikation/Austausch
- die gemeinsame Lösungsfindung/Kooperation
- kein stures Beharren auf den eigenen Standpunkten
- Kompromissbereitschaft
- ein harmonisches und konstruktives Zusammenarbeiten
- die Bereitschaft, sich in Team einzugliedern
- Aufgabenorientierung

Selbstcheck

Der Selbstcheck auf der folgenden Seite unterstützt Sie dabei herauszufinden, wie teamfähig Sie sind. Nutzen Sie die Chance, erste Ansatzpunkte zu erhalten, an welchen Punkten Sie aktiv arbeiten können, um Ihre Teamfähigkeit zu verbessern. Ihre Ziele und Fähigkeiten stellen dabei die Grundlage für die Bewertung dar. Wie hoch ist Ihr aktueller Erfüllungsgrad auf einer Skala von 1-10 (1 = sehr wenig ausgeprägt und 10 = sehr stark ausgeprägt). Machen Sie sich bewusst, welche Bedeutung das Soft Skill für Ihre beruflichen Ziele spielt und spielen wird, und legen Sie Ihren idealen Zielerreichungsgrad ebenfalls auf der Skala von 1-10 fest.

Selbstcheck: Teamfähigkeit	Erfüllungsgrad	Zielgrad
Sie können mit unterschiedlichen Menschen Aufgaben zielorientiert zusammenarbeiten.		
Sie sind Ihren Teammitgliedern gegenüber grundsätzlich positiv eingestellt.		
Sie unterstützen bei der Schaffung einer Teamidentität.		
Sie konzentrieren sich auf das Ziel und nicht auf mögliche Schwierigkeiten.		
Sie sind sich Ihrer Rolle im Team bewusst.		
Sie wissen, welche Rollen die übrigen Teammitglieder einnehmen.		
Sie interessieren sich für Problemlösungen, nicht für Schuldfragen.		
Sie respektieren Ihre Teammitglieder.		
Sie geben notwendige Informationen ungefragt weiter.		
Sie zeigen sich Ihren Teammitgliedern gegenüber offen und hilfsbereit.		
Sie kommunizieren transparent und zielorientiert.		
Sie erkennen und nutzen Chancen zur Zusammenarbeit.		
Sie engagieren sich für das Team und die gemeinsame Arbeit.		
Summe		

Summieren Sie die Skalenwerte und vergleichen Sie den Erfüllungsgrad und den Zielgrad. Wie groß ist die Kluft zwischen beiden Werten? Oder erfüllen Sie die Fähigkeit in angemessenem Rahmen? Wo sehen Sie Punkte, an denen Sie ansetzen müssen? Nutzen Sie die Chance, Ihre Potenziale gezielt weiterzuentwickeln. Versetzen Sie sich bewusst in solche Situationen, in denen ein entsprechendes Verhalten erforderlich ist, und reflektieren Sie Ihr Vorgehen. Was bereitet Ihnen Schwierigkeiten? Was fällt Ihnen leicht?

Darüber sollten Sie nachdenken

- Als Sie das letzte Mal im Team gearbeitet haben, was hat Ihnen gefallen? Was hat Ihnen Schwierigkeiten bereitet? Wo sind Sie an Ihre Grenzen gestoßen? Vergleichen Sie Ihre frühere und heutige Teamarbeit: Hat sie sich insgesamt gesehen verändert?
- Erinnern Sie sich an eine erfolgreiche und eine weniger erfolgreiche Teamzusammenarbeit. Wie waren die Teams zusammengesetzt? Versuchen Sie hierzu ein Teamprofil zu erstellen und ordnen Sie den einzelnen Mitgliedern die verschiedenen Rollen zu. Wie war die Führung im Team und welche Beziehung bestand in Hinblick auf die Führungskräfte? Wie wurde kommuniziert? Welche Einstellung hatten Sie bezüglich der Teamarbeit? Was waren die markantesten Unterschiede? Wie haben die Teams auf Außenstehende gewirkt? Wie erfolgreich war die Zielerreichung?
- Was sind für Sie die Vor- und Nachteile der Teamarbeit? Wann sollte man sich für und wann gegen Teamarbeit entscheiden?
- Welche Möglichkeiten hat man als einzelnes Teammitglied, die anderen Mitglieder zu fördern bzw. zu integrieren? Inwieweit haben Sie das bereits innerhalb der Teamarbeit erlebt?
- Wie unterscheiden sich die Fähigkeiten eines Teamleiters von denen eines Teammitglieds? Erstellen Sie zwei Anforderungsprofile.
- Welche Person aus Ihrem Privat- oder Berufsleben würden Sie als besonders teamfähig bezeichnen? Warum? Wie äußert sich das? In welchen Situationen konnten Sie das beobachten? Welche Konsequenzen hat das? Welche Unterschiede stellen Sie in Hinblick auf Ihre Teamfähigkeit fest?

Trainingseinheit 7: Teamfähigkeit
Suchen Sie Möglichkeiten, in Teams zu arbeiten und Ihre Teamfähigkeit aktiv zu verbessern. Nutzen Sie dabei die Chance, unterschiedliche Rollen einzunehmen und Ihre Perspektive zu erweitern.
Beobachten Sie andere Teams bei der Zusammenarbeit. Achten Sie insbesondere auch auf nonverbale Signale. Wie wirkt das Team auf Sie? Was fällt Ihnen auf? Wer übernimmt welche Rolle? Welche Schwierigkeiten zeigen sich? Sprechen Sie mit Teammitgliedern darüber, wie Sie die Teamarbeit empfinden und gleichen Sie Ihren Eindruck mit deren Aussagen ab.

2.8 Überzeugungskraft

> Überzeugungskraft beschreibt die Fähigkeit, Einfluss auf das Denken und Handeln anderer zu nehmen.

Besser als Druckmittel: Überzeugungskraft

Überzeugungskraft zielt darauf ab, Commitment bei unterschiedlichen Parteien zu erzeugen. Dies erreichen Sie nicht mit Druckmitteln, sondern mit überzeugenden Argumenten. Damit Ihre Argumente wirken, müssen sie auf die Zielgruppe abgestimmt sein. Fragen Sie sich daher in Situationen, in denen Sie für Ihre Position werben wollen, auf welche Argumente die Gegenseite positiv reagieren wird. Nur wenn Sie das wissen, können Sie gezielt argumentieren. Dabei kann es hilfreich sein, wenn Sie sich an folgenden Argumentationsaufbau halten:

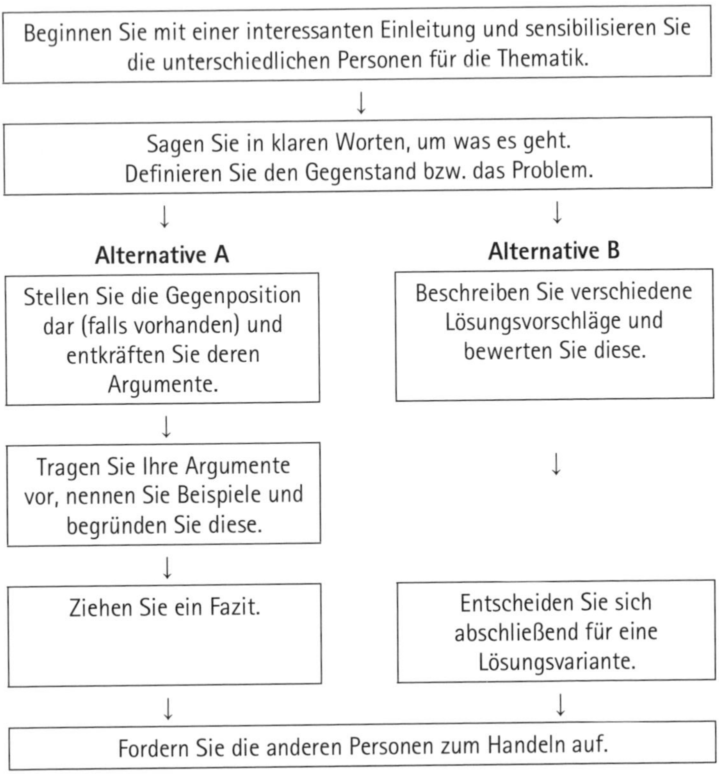

Wer zuhören kann, argumentiert besser

Wer überzeugen will, muss gut zuhören können. Nur wenn Sie die Argumente Ihres Gegenübers gehört haben, können Sie darauf eingehen und sie anschließend argumentativ entkräften. Versuchen Sie, immer wieder die Perspektive Ihres Gesprächs- bzw. Diskussionspartners einzunehmen: Welche Ziele verfolgt er und welchen Nutzen erhofft er sich? Wenn Sie das wissen, können Sie ihm eine Lösung präsentieren, die auch für ihn von Vorteil ist und der er zustimmen kann.

Tipp:

Je weniger Fachwissen Ihr Gesprächspartner im Hinblick auf ein bestimmtes Thema besitzt, umso wichtiger ist es, ihn nicht mit Fachbegriffen zu verunsichern. Drücken Sie sich einfach und verständlich aus, sprechen Sie in seiner Sprache.

So überzeugen Sie eine Gruppe

Möchten Sie eine Gruppe überzeugen, haben Sie es schwerer. Es gibt nicht nur eine Perspektive, sondern mehrere. Versuchen Sie, die Gemeinsamkeiten unter den Gruppenmitgliedern zu finden. Warum sind sie heute hier? Was erhoffen sie sich von der Zusammenkunft? Am besten strecken Sie schon vor einem Meeting die Fühler aus und fragen einzelne Gruppenmitglieder, wie Sie über ein bestimmtes Problem denken und was sie erwarten. Wenn Sie das Verbindende gefunden haben, können Sie besser argumentieren. Sich vor einer Gruppe zu präsentieren verlangt natürlich eine gehörige Portion Mut und Selbstbewusstsein. Vor allem benötigen Sie ein hohes Maß an Sensibilität, damit Sie die unterschiedlichen Personen wahrnehmen und Ihre Bedürfnisse, Wünsche und Ängste erkennen. Im schlimmsten Fall reden Sie nämlich über die Köpfe der anderen hinweg und merken gar nicht, dass einzelne Gruppenmitglieder keine Lust oder keinen Mut haben, Ihnen zu widersprechen. Nur wenn Sie wirklich überzeugen, können Sie die Energie und Leistungskraft einer Gruppe auf ein gemeinsames Ziel lenken.

Das beinhaltet Überzeugungskraft

- rhetorisches Geschick
- die gekonnte Abwehr von Einwänden der Gegenpartei
- Integrität
- die Betonung von Gemeinsamkeiten und gemeinsamen Interessen
- Kooperation und Einfühlsamkeit
- ein glaubhaftes und authentisches Präsentieren der eigenen Argumente
- die Fähigkeit zum Perspektivwechsel
- ein positives Gesprächsklima auch bei Widerständen und Ablehnung

So überzeugen Sie	
Teilweise zustimmen	Stimmen Sie der Gegenpartei in Teilen zu, aber verdeutlichen Sie bei anderen Dingen Ihre eigene Meinung: *„In diesem Aspekt stimme ich Ihnen zu, aber …"*
Zu Ende reden lassen	Wenn man Ihnen ständig das Wort abschneidet, lassen Sie die Gegenpartei so lange reden, bis sie alle Aspekte vorgetragen hat. Erst dann bringen Sie Ihre eigenen Argumente vor.
Paraphrasieren	Fassen Sie die Aussage Ihres Gesprächspartners in eigenen Worten zusammen. *„Wenn ich Sie richtig verstanden habe, ist es Ihnen wichtig, dass …" – „Sie sind also der Meinung, wir sollten …"*
Gegenfrage	Durch die Technik der Gegenfrage bringen Sie Ihren Gesprächspartner dazu, Stellung zu beziehen und sich somit konstruktiv an der Lösungsfindung zu beteiligen. *Mitarbeiter: „Ich bin nicht bereit, dem zuzustimmen."* *Führungskraft: „Welchem Vorschlag könnten Sie denn zustimmen?"*
Plus- & Minus-Methode	Fassen Sie alle Vor- und Nachteile sowie die damit verbundenen Konsequenzen noch einmal zusammen.
Bumerangmethode	Sie nutzen ein Argument des Gesprächspartners als direktes Gegenargument. *Mitarbeiter: „Für diese Aufgabe besitze ich sowieso nicht die entsprechende Fachkenntnis."* *Führungskraft: „Dann sollten wir uns darüber unterhalten, wie Sie sich diese Kenntnisse aneignen können."*
Einwandvorwegnahme	Mögliche Einwände Ihres Gesprächspartners nehmen Sie vorweg und widerlegen Sie mit einem passenden Argument. *„Sie werden vielleicht zu bedenken geben, dass …, aber dazu kann ich nur sagen …" – „Vielleicht fragen Sie sich jetzt, ob … Aber haben Sie auch daran gedacht, dass …?"*
Erzählen Sie eine „Das-kenne-ich-auch-Geschichte".	Berichten Sie von einer Begebenheit, die Sie erlebt haben. Erklären Sie dann, dass Sie daraus andere Konsequenzen gezogen haben, als Ihr Gesprächspartner vermutet. Er wird Ihrer Argumentation dann lieber folgen. *„Das kann ich gut nachvollziehen. Ich habe einmal eine ganz ähnliche Situation erlebt… Allerdings bin ich zu dem Schluss gekommen, dass …"*

Selbstcheck

Dieser Selbstcheck unterstützt Sie dabei herauszufinden, wie überzeugungsfähig Sie sind. Nutzen Sie die Chance, erste Ansatzpunkte zu erhalten, an welchen Punkten Sie aktiv arbeiten können, um Ihr Überzeugungskraft zu verbessern. Ihre Ziele und Fähigkeiten stellen dabei die Grundlage für die Bewertung dar. Wie hoch ist Ihr aktueller Erfüllungsgrad auf einer Skala von 1-10 (1 = sehr wenig ausgeprägt und 10 = sehr stark ausgeprägt). Machen Sie sich bewusst, welche Bedeutung das Soft Skill für Ihre beruflichen Ziele spielt und spielen wird, und legen Sie Ihren idealen Zielerreichungsgrad ebenfalls auf der Skala von 1-10 fest.

Selbstcheck: Überzeugungskraft	Erfüllungsgrad	Zielgrad
Sie fallen mit Ihren Argumenten nicht über den anderen her, sondern bauen Ihre Argumentation geschickt auf.		
Sie können mit Widerständen umgehen.		
Sie bleiben bei Ihren Überzeugungen und sind nicht sprunghaft.		
Sie kennen die Einwände der Gegenseite, können Sie gut vorwegnehmen und entkräften.		
In Verhandlungen und Diskussionen betonen Sie gemeinsame Ziele.		
Sie sind in der Lage, ein Streitthema aus der Sicht Ihres Gegenübers zu betrachten.		
Sie stellen durch Nachfragen sicher, wie Ihre Argumente aufgefasst werden.		
Sie gehen Einwände offensiv und sachlich an.		
Sie erkennen, wenn Ihr Gegenüber noch nicht vollständig überzeugt ist.		

Sie setzen nonverbale Kommunikation gezielt ein, um Ihre Inhalte darzustellen.		
Sie stellen den Nutzen einer Sache für Ihr Gegenüber heraus.		
Sie können Menschen für Ihre Ideen begeistern.		
Sie vertreten Ihren Standpunkt ausdauernd.		
Sie achten darauf, dass Gefühle nicht verletzt werden.		
Sie argumentieren inhaltlich.		
Sie zeigen auf, welche Vorteile bzw. welchen Nutzen Ihr Standpunkt für die Gegenpartei hat.		
Sie arbeiten mit anschaulichen Beispielen.		
Sie stellen Ihren Standpunkt selbstbewusst dar.		
Sie sind hartnäckig und ausdauernd.		
Sie können bei anderen Emotionen wecken, die Ihrer Argumentation nützen.		
Summe		

Summieren Sie die Skalenwerte und vergleichen Sie den Erfüllungsgrad und den Zielgrad. Wie groß ist die Kluft zwischen beiden Werten? Oder erfüllen Sie die Fähigkeit in angemessenem Rahmen? Wo sehen Sie Punkte, an denen Sie ansetzen müssen? Nutzen Sie die Chance, Ihre Potenziale gezielt weiterzuentwickeln. Versetzen Sie sich bewusst in solche Situationen, in denen ein entsprechendes Verhalten erforderlich ist, und reflektieren Sie Ihr Vorgehen. Was bereitet Ihnen Schwierigkeiten? Was fällt Ihnen leicht?

Darüber sollten Sie nachdenken

- Wie versuchen Sie andere Menschen zu überzeugen? Welche Strategien wenden Sie an? Wie bereiten Sie sich vor?
- Wann ist es Ihnen gelungen, andere Personen zu überzeugen? Worauf führen Sie das zurück? Welche Hindernisse mussten Sie dabei überwinden? Welche Schwierigkeiten haben Sie erfolgreich gemeistert?
- Wann ist es Ihnen nicht gelungen, andere von Ihrer Meinung zu überzeugen? Worauf führen Sie das zurück? Wie überzeugt waren Sie selbst von Ihrem Ansatz? Wie konnten Sie auf Einwände reagieren? Wie intensiv haben Sie sich mit der Thematik auseinandergesetzt?
- Welche Person konnte Sie schon mehrmals von ihrer Meinung überzeugen? Warum? Wie ist es der Person gelungen? Hatten Sie vorab eine andere Meinung zu der Thematik? Gehen Sie die Diskussionen gedanklich noch einmal durch. Welche Argumente und Strategien hat die Person eingesetzt, die Sie überzeugt haben?
- Wie bereiten Sie sich vor, wenn Sie andere Leute überzeugen möchten?
- Welche Person aus Ihrem Privat- oder Berufsleben würden Sie als besonders überzeugungsstark bezeichnen? Warum? Wie äußert sich das? In welchen Situationen konnten Sie das beobachten? Welche Konsequenzen hat das? Welche Unterschiede stellen Sie in Hinblick auf Ihre Überzeugungskraft fest?

Trainingseinheit 8: Überzeugungskraft
Suchen Sie sich ein kontroverses Thema und versuchen Sie Personen, die anderer Meinung sind, von Ihrem Standpunkt zu überzeugen.
Überlegen Sie, wie Sie unterschiedliche Zielgruppen emotional packen können. Wie können Sie überprüfen, ob Ihre Idee beim Zuhörer auch gut ankommt? Wie schaffen Sie es bei unterschiedlichen Personen, Interesse für ein Thema zu wecken? Machen Sie sich bewusst, dass es ganz entscheidend ist, dass Sie Ihre Zuhörer nicht nur kognitiv, sondern auch emotional ansprechen müssen!

2.9 Verhandlungsgeschick

> Verhandlungsgeschick beschreibt die Fähigkeit, unterschiedliche Interessen abzuwägen und einen Interessenausgleich zu schaffen.

Mit Verhandlungsgeschick die eigenen Ziele durchsetzen

In Verhandlungen versuchen zwei oder mehr Parteien mit teilweise gegensätzlichen Positionen ein gemeinsames Ziel zu definieren und einen gemeinsamen Nutzen bzw. Gewinn zu erreichen. Damit der Verhandlungspartner die eigenen Ziele akzeptiert, wird auf verbaler und nonverbaler Ebene für sie geworben. Je weniger Gemeinsamkeiten die unterschiedlichen Parteien aufweisen, umso wahrscheinlicher sind strategische und konfrontative Elemente, d. h. man versucht, durch den geschickten Einsatz verschiedener Verhandlungs- und Argumentationstechniken die eigenen Forderungen erfolgreich umzusetzen. Verbinden die unterschiedlichen Parteien jedoch viele Gemeinsamkeiten, ist es wahrscheinlich, dass innerhalb der Verhandlung eine kooperative Lösung erreicht wird. In Hinblick auf Verhandlungen ist es somit wichtig, neben dem eigenen Standpunkt und den eigenen Interessen auch die des Gegners zu verstehen, denn nur so kann man seine Strategie darauf abstimmen und schließlich überzeugen.

Wie Verhandlungen verlaufen, hängt entscheidend von der Beziehung beider Verhandlungspartner ab. Gerade wenn die Beziehung sehr persönlich ist, läuft man eher Gefahr, nicht mehr auf der Sachebene, sondern auf der Beziehungsebene zu verhandeln. Das führt dazu, dass es oftmals nicht zu Ergebnissen kommt, die beide Seiten als günstig bzw. positiv bewerten. Damit es erst gar nicht soweit kommt, bedient man sich am besten des Harvard-Konzepts.

Das Harvard-Konzept hilft

Das Harvard-Konzept trennt zwischen Sach- und Personenebene und bietet die Möglichkeit, hart, aber fair zu verhandeln. Es handelt sich um ein Verhandlungskonzept, das zu einer kooperativen und bestmöglichen Lösung für beide Verhandlungsparteien führt. Die Verhandlungspartner sind in diesem Konzept weder Freunde noch

Gegner, sondern Problemlöser. Die zwischenmenschliche Beziehung spielt im Rahmen der Verhandlung eine untergeordnete Rolle und wird von dem Sachproblem getrennt. Es geht darum, ein vernünftiges und für beide Seiten effizientes Ergebnis zu erreichen. Das bedeutet auch, dass mehrere Lösungsalternativen zur Auswahl stehen und sich mithilfe sachlicher Argumente und ohne Druck auf eine kooperative Lösung geeinigt wird.

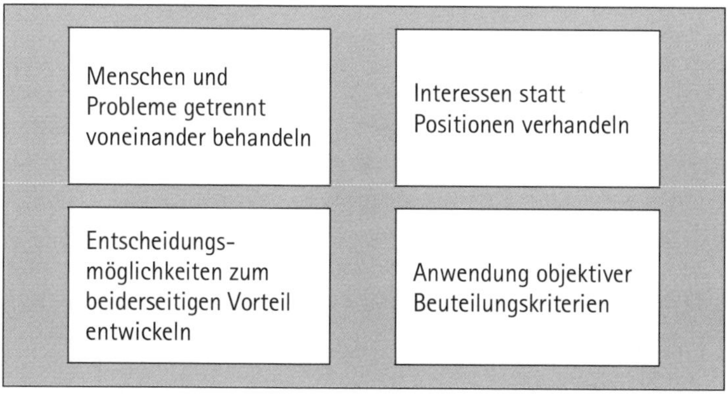

Abb.: Das Harvard-Konzept

Menschen und Probleme getrennt voneinander behandeln

Differenzieren Sie zwischen den Verhandlungsthemen und der bestehenden Beziehung. Es ist wichtig, die Beziehung zum Verhandlungspartner aufrechtzuerhalten bzw. nicht zu belasten. Das ist möglich, indem Sie die Sach- und Personenebene ganz klar voneinander trennen. Es ist wenig Erfolg versprechend, wenn Sie versuchen, Probleme auf der Sachebene durch Zugeständnisse auf der Beziehungsebene zu lösen und umgekehrt. Die eigenen Gefühle, Überzeugungen und Prinzipien spielen eine wichtige Rolle, dennoch müssen die Sachinteressen und Ziele im Vordergrund stehen und davon losgelöst betrachtet werden. Versuchen Sie, auf die persönlichen Bedürfnisse des Verhandlungspartners zu achten. Vollziehen Sie einen Perspektivwechsel und versetzen Sie sich in seine Lage. Nicht Ihre Befürchtungen sind sein Handlungsantrieb, sondern seine Ziele und Vorgaben. Die eignen Probleme resultieren nicht aus dem Verhalten der Gegenpartei, können aber mit deren Hilfe gelöst werden. Versuchen Sie eine gemeinsame Lösung zu finden, in dem Sie auch die Vorstellungen und Erwartungen der anderen Seite berücksichtigen.

Interessen statt Positionen verhandeln

Interessen basieren auf Bedürfnissen und Motiven und sind ursächlich für Positionen. Positionen sind meist konkreter definiert als Interessen. In Verhandlungen ist es daher wichtig, die Interessen zu betrachten und nicht die Positionen. Zum einen ist der Spielraum dadurch wesentlich größer, zum anderen legt man das Augenmerk auf die wirklich wichtigen Punkte. Es ist ein Unterschied, ob Sie in eine Verhandlung gehen und 7 % mehr Gehalt verlangen oder ob Sie mehr Anerkennung für Ihre Arbeit möchten. Fragen Sie sich deshalb danach, welches Ziel Sie tatsächlich erreichen wollen, und versuchen Sie, auch Ihren Verhandlungspartner zur Offenlegung seiner tatsächlichen Interessen zu bewegen. Hinter gegensätzlichen Positionen können sowohl gemeinsame, ausgleichbare als auch sich widersprechende Interessen liegen. Das finden Sie allerdings nur heraus, wenn Sie sowohl die eigenen als auch die wirklichen (zum Teil noch verborgenen) Interessen des Verhandlungspartners reflektieren und analysieren.

Entscheidungsmöglichkeiten zum beiderseitigen Nutzen entwickeln

Suchen Sie zunächst viele verschiedene Optionen und bewerten und entscheiden Sie später. Legen Sie sich nicht zu früh auf eine Position fest, sondern orientieren Sie sich an den Interessen. Thematisieren Sie Ihre Ziele offen und erfragen Sie die des Verhandlungspartners. Erarbeiten sie Lösungs- und Wahlmöglichkeiten, die beiden Verhandlungspartnern einen Nutzen bringen und entscheiden Sie abschließend über die beste gemeinsame Alternative.

Anwendung objektiver Beurteilungskriterien

Versuchen Sie, in Konflikten objektive bzw. neutrale und unparteiische Beurteilungskriterien zu finden, die Ihre Interessen stärken. Dabei kann es sich um Marktdaten, Vergleichsfälle, Gutachten, Normen, rechtliche Grundlagen etc. handeln. In jedem Fall ist es wichtig, dass Sie sachorientiert argumentieren und vernünftigen

Argumenten gegenüber offen sind. Sie dürfen sich nicht verleiten lassen, Macht oder Druck auszuüben. Ebenso wenig sollten Sie sich unter Druck setzen lassen.
Leider besteht die Realität nicht ausschließlich aus idealtypischen bzw. kooperativen Verhandlungssituationen, die durch das Harvard-Konzept beschrieben werden. Dennoch bietet dieses Konzept in den meisten Fällen eine gute Hilfestellung und kann auch bei schwierigen Verhandlungen als Orientierung dienen.

Vorbereitung

Bevor Sie sich in eine Verhandlung begeben, sollten Sie sich gründlich darauf vorbereiten. Das bedeutet nicht nur, dass Sie sich intensiv mit Ihren Zielen, Interessen und Ressourcen auseinandersetzen. Sie sollten sich auch Gedanken darüber machen, was der Verhandlungspartner erreichen möchte, welche Beweggründe und Optionen er hat und welche Ziele er verfolgt.
Eine umfassende Vorbereitung beinhaltet, dass Sie

- den Konflikt nicht nur vom eigenen Standpunkt aus betrachten, sondern wissen, welche Punkte für den Verhandlungspartner wichtig und welche nebensächlich sind,
- sich nicht nur die eigenen Interessen, Ziele, Ressourcen und Grenzen bewusst gemacht haben, sondern auch die des Verhandlungspartners adäquat einschätzen können,
- die eigenen Interessen argumentativ vortragen und mithilfe von Daten, Berichten, Unterlagen etc. stützen können,
- sich Gedanken über mögliche Alternativen, Abbruchkriterien und Schwierigkeiten gemacht haben.

Checkliste: Verhandlungsvorbereitung	
Eigene Position	• Was sind meine Interessen? • Was möchte ich erreichen? • Was sind meine Ziele? • Gibt es mögliche Alternativziele? • Was ist mein Minimalziel/Maximalziel? • Was sind Abbruchkriterien?
Ressourcen	• Auf welche Ressourcen kann ich zurückgreifen? • Was sind meine Stärken und Schwächen? • Welche Fakten/Daten/Informationen stützen meine Seite? • Wie kann ich meine Argumentation aufbauen? • Welche Argumente kann ich gegen die Ausführungen der Gegenseite vorbringen?
Gegenseite	• Welche Ziele hat der Verhandlungspartner? • Welche Interessen verfolgt die Gegenseite? • Wie argumentiert die Gegenseite? • Über welche persönlichen und fachlichen Ressourcen verfügt der Verhandlungspartner? • Welche gemeinsamen Ziele und Interessen sieht er? • Welche Einwände und Bedenken kann die Gegenseite vorbringen? • Gibt es Argumente der Gegenseite, die meiner Argumentation widersprechen können? • Über welche Druckmittel verfügt die Gegenseite bzw. auf welche Alternativen kann Sie zurückgreifen?
Alternative	• Was passiert, wenn die Verhandlung scheitert? • Über welche Druckmittel verfüge ich? • Auf welche Alternativen kann ich zurückgreifen? • Welche Angebote/Zugeständnisse kann ich machen?

Durchführung

Es ist sinnvoll, sich bereits im Vorhinein mit dem möglichen Ablauf der Verhandlung auseinanderzusetzen. Neben einer Orientierungshilfe erhält man so ein gewisses Maß an Sicherheit. Die meisten Verhandlungen laufen nach folgendem Muster ab:

- Begrüßung der Teilnehmer
- Klärung der Rahmenbedingungen (Zeit, Verhandlungsgegenstand, Entscheidungsprozess etc.)
- Darlegung der Interessen:
  Ziele und Interessen werden genannt, Schlussfolgerungen abgeleitet, gemeinsame Optionen entwickelt, die mithilfe objektiver Beurteilungskriterien bewertet werden
  oder:
  die jeweiligen Positionen/Angebote werden vorgestellt; dann beginnt die Argumentation
- Herbeiführung einer Entscheidung
- Klärung des weiteren Ablaufs
- Verabschiedung der Teilnehmer

Nachbereitung

Es ist wichtig, dass Sie nach der Verhandlung Ihr Verhalten reflektieren. Überlegen Sie, welche Ziele und Interessen Sie durchsetzen konnten und welche nicht. Wie haben Sie sich auf das Gespräch vorbereitet? War es ausreichend oder haben Sie entscheidende Punkte vergessen? Welche Verbesserungsansätze haben Sie für die nächste Verhandlung? Durch die Selbstreflexion haben Sie die Chance, zu lernen und sich weiterzuentwickeln.

Überlegen Sie sich eine Verhandlungstaktik

Am erfolgreichsten werden Sie bei Verhandlungen sein, wenn Sie über eine klare Argumentationskette verfügen und Ihre Argumente einem logischen Aufbau folgen.

Angebotseröffnung

Wenn Sie die Möglichkeit dazu haben, eröffnen Sie die Verhandlung mit einem (niedrigen) Angebot bzw. einer (hohen) Forderung. Achten Sie darauf, dass die Position realistisch ist und stützen Sie diese mit starken Argumenten. Dadurch übernehmen Sie die Führung; Ihr Verhandlungspartner ist gezwungen, auf Ihr Angebot zu reagieren. Nachdem Ihr Verhandlungspartner seine Position deutlich gemacht hat, versuchen Sie durch Fragen herauszufinden, welche Ihrer Aspekte für ihn annehmbar bzw. unannehmbar sind. Achten Sie dabei stets auf Ihre Ziele, Interessen und Grenzen und vermeiden Sie es, Ihre Karten zu früh auf den Tisch zu legen.

Bedingte Zustimmung

Vermeiden Sie eine direkte Konfrontation, indem Sie die Argumente der Gegenseite respektieren. Sie stimmen in einigen Punkten zu, nutzen aber gleichzeitig die Chance, Ihre Sichtweise deutlich zu machen.

Dialog-Beispiel:

„Ich stimme Ihnen in diesem Punkt zu, aber Sie sollten auch bedenken, dass ..."

Verweisen auf Referenzen

Ihre Argumentation stützt sich auf Expertenmeinungen, Erfahrungen, Daten, Ergebnisse etc. Referenzen festigen Ihre Position.

Dialog-Beispiel:

„Aufgrund langjähriger Erfahrung des Unternehmens XY kann ich Ihnen darlegen, dass ..." –„Die Ergebnisse der folgenden Studie sind eindeutig und belegen, dass ..."

Widerstände bzw. Einwände vorwegnehmen

Nehmen Sie mögliche Einwände des Verhandlungspartners vorweg und widerlegen Sie diese. Wenn Sie sich vor der Verhandlung intensiv mit den Zielen und Interessen der Gegenpartei beschäftigt haben, wird es Ihnen leicht fallen, mögliche Widerstände im Vorhinein zu entdecken. Dadurch entkräften Sie die Argumente des Verhandlungspartners und stärken Ihre Position bzw. rechtfertigen Ihren Standpunkt.

Dialog-Beispiel:

„Man könnte jetzt sagen, dass ... Allerdings zeigt die Entwicklung etwas ganz anderes ..."

Dinge in ein Verhältnis setzen und vergleichen

Mithilfe von Vergleichen können Sie einen Nachteil oder eine Schwierigkeit relativieren. Das setzt allerdings voraus, dass Sie sich intensiv mit Kennzahlen und Daten auseinandergesetzt haben und auch bei intensivem Nachfragen nicht ins Stocken geraten.

Dialog-Beispiel:

„Natürlich sind 30.000 Euro keine kleine Summe, aber wenn Sie sie in Relation zu den Gesamtausgaben betrachten, handelt es sich dabei lediglich um 3 %."

Nutzen herausstellen

Zeigen Sie, dass der Verhandlungspartner seinem Ziel ein Stück näher rücken wird, wenn er auf Ihre Forderung eingeht. Dazu müssen Sie überlegen, was er will und inwiefern Ihre Forderung auch seinen Interessen dient.

Dialog-Beispiel:

„Wenn Sie möchten, dass die Produktion erfolgreich und fehlerfrei anläuft, ist es notwendig, dass Sie ..." – „Wenn Sie dem Vorhaben zustimmen, haben Sie den Vorteil, dass ..."

Was tun bei unfairen Verhandlungstaktiken?

Unfaire Taktiken sind Manipulationsversuche, mit deren Hilfe der Verhandlungsgegner versucht, die Verhandlung zu steuern und seine Ziele und Interessen durchzusetzen. Diese Versuche können von einfachen Sticheleien über Verschleierungen bis zu emotionalem Druck reichen. Es ist wichtig, dass Sie sich von solchen Taktiken nicht ins Bockshorn jagen lassen. Zeigen Sie Selbstbewusstsein. Vermeiden Sie es in jedem Fall, mit einer ähnlichen Taktik zurück zu schlagen und hierdurch das Verhandlungsziel aus den Augen zu verlieren. Sprechen Sie manipulative Taktiken am besten an. Erklären Sie der Gegenseite, dass Sie ein solches Vorgehen nicht akzeptieren. Setzen Sie W-Fragen ein („Warum haben Sie ...?“ – „Wieso behaupten Sie jetzt plötzlich ...?“) oder Präzisierungsfragen („Können Sie Ihre Behauptung mit Zahlen belegen?“) um Ihren Verhandlungsgegner zu einer konkreten Stellungnahme bzw. zur Aufdeckung falscher Behauptungen zu bringen.

Achtung:
Lassen Sie sich auch nicht überrumpeln oder überreden, eine vorschnelle Entscheidung zu treffen. Machen Sie sich während der Verhandlung immer wieder klar, was Ihre Ziele und Interessen sind. Manche Verhandlungsgegner sind so geschickt, dass Sie kaum merken, wenn Sie beeinflusst werden. Gehen Sie auch keine vorschnellen Kompromisse ein, die möglicherweise Ihre Entscheidungsbefugnis übertreffen. Wenn Sie unsicher sind oder noch ungeklärte Fragen bestehen, verschieben Sie die Entscheidung.

Unfaire Taktiken muss man natürlich erkennen, um dagegen angehen zu können. Hier stellen wir Ihnen einige vor:

- Überrumpelung
  Kurz vor Verhandlungsabschluss werden plötzlich neue Forderungen gestellt. Diese Taktik zielt darauf ab, dass Sie sich spontan auf die neuen Forderungen einlassen, weil Sie das Ende der Verhandlung nicht weiter hinauszögern wollen. Lassen Sie sich nicht darauf ein. Verschieben Sie gegebenenfalls die Verhandlung auf einen späteren Zeitpunkt.
- Vorspielen
  Die Gegenpartei versucht Ihre wahren Ziele und Interessen zu verschleiern, indem sie beispielsweise falsche Emotionen vortäuscht und permanent unwichtige Punkte thematisiert. Die tatsächlich wichtigen Motive und Informationen bleiben außen vor. Hier sind intensives Nachfragen und Hartnäckigkeit Ihrerseits gefragt. Nur wenn Sie die tatsächlichen Ziele und Interessen des Verhandlungspartners herausfinden, können Sie die Verhandlungssituation adäquat einschätzen und Ihre eigene Strategie zielgerichtet verfolgen.
- Zeitdruck
  Durch extremen Zeitdruck oder lange Verhandlungssituationen wird versucht, den Verhandlungspartner weich zu klopfen. Legen Sie bereits vor Beginn der Verhandlung fest, wie lange diese dauern soll und wann gegebenenfalls ein weiteres Treffen stattfinden kann.

- Extreme Angebote
  Es werden unrealistisch hohe Forderungen bzw. niedrige Angebote unterbreitet, um dadurch eine bessere Verhandlungsposition zu erhalten. Sprechen Sie diese Taktik offen an und klären Sie die weiteren Verhandlungsbedingungen. Unabhängig von den individuellen Zielen und Interessen ist es notwendig, dass man realistische und objektive Kriterien zur Beurteilung heranzieht.

Wie Sie auf Manipulationsversuche reagieren

Drei Vorgehensweisen haben sich bewährt:

1. Ignorieren
   Sie reagieren in keiner Weise auf den Manipulationsversuch der Gegenseite. Dadurch zeigen Sie Ihrem Verhandlungspartner, was Sie von seiner Taktik halten und geben ihm gleichzeitig die Möglichkeit, sein Verhalten zu ändern.
2. Taktik als Missverständnis deuten
   Sie sprechen die Taktik offen an, indem Sie sie als Missverständnis interpretieren, und geben Ihrem Verhandlungspartner dadurch die Chance, sein Verhalten zu korrigieren. Dieses Vorgehen verlangt sehr viel Feingefühl, da die bewusste Fehlinterpretation einer Äußerung auch schnell als Ironie, Gesichtsverlust oder Angriff verstanden werden kann.

   Dialog-Beispiel:

   „Verzeihung, aber ich fürchte, ich habe Sie falsch verstanden. Wir haben doch gerade ..."

3. Fragen und Hinterfragen
   Sie sprechen die Taktik offen und deutlich an. Dies führt wahrscheinlich zu einer Konfrontation mit dem Verhandlungspartner. Die Gegenpartei wird diese Taktik im weiteren Gespräch nun nicht mehr anwenden und weiß, dass erneute Versuche in dieser Richtung von Ihnen durchschaut werden.

Das beinhaltet Verhandlungsgeschick

- die Kenntnis unterschiedlicher Verhandlungsstrategien
- die Fähigkeit, unterschiedliche Strategien zur Zielerreichung einzusetzen
- das Erkennen gegnerischer Strategien und die Fähigkeit, darauf angemessen zu reagieren
- die flexible Suche nach einem gemeinsamen Vorteil (kein starres Festhalten an Positionen)
- rhetorische und kommunikative Fähigkeiten
- emotionale Unabhängigkeit (Spannungen werden ertragen)
- Einfühlungsvermögen (Sie können den Verhandlungspartner und seine Handlungen, Wünsche und Interessen einschätzen und verstehen)

Selbstcheck

Der Selbstcheck auf der folgenden Seite unterstützt Sie dabei herauszufinden, wie geschickt Sie in Verhandlungen sind. Nutzen Sie die Chance, erste Ansatzpunkte zu erhalten, an welchen Punkten Sie aktiv arbeiten können, um Ihr Verhandlungsgeschick zu verbessern. Ihre Ziele und Fähigkeiten stellen dabei die Grundlage für die Bewertung dar. Wie hoch ist Ihr aktueller Erfüllungsgrad auf einer Skala von 1-10 (1 = sehr wenig ausgeprägt und 10 = sehr stark ausgeprägt). Machen Sie sich bewusst, welche Bedeutung das Soft Skill für Ihre beruflichen Ziele spielt und spielen wird, und legen Sie Ihren idealen Zielerreichungsgrad ebenfalls auf der Skala von 1-10 fest.

Summieren Sie die Skalenwerte und vergleichen Sie den Erfüllungsgrad und den Zielgrad. Wie groß ist die Kluft zwischen beiden Werten? Oder erfüllen Sie die Fähigkeit in angemessenem Rahmen? Wo sehen Sie Punkte, an denen Sie ansetzen müssen? Nutzen Sie die Chance, Ihre Potenziale gezielt weiterzuentwickeln. Versetzen Sie sich bewusst in solche Situationen, in denen ein entsprechendes Verhalten erforderlich ist, und reflektieren Sie Ihr Vorgehen. Was bereitet Ihnen Schwierigkeiten? Was fällt Ihnen leicht?

Selbstcheck: Verhandlungsgeschick	Erfüllungsgrad	Zielgrad
Sie kennen verschiedene Verhandlungsstrategien und setzen die zur Situation passende Strategie ein.	1	7
Sie können spontan auf Argumente des Verhandlungspartners reagieren.	1	7
Sie sind in der Lage, Ihre Verhandlungsstrategie flexibel anzupassen.	1	7
Sie ertragen Spannungen und schwierige Situationen.	3	7
Sie erkennen unfaire Taktiken des Gesprächspartners.	1	7
Sie reagieren auf unfaire Taktiken souverän und lassen sich nicht aus dem Konzept bringen.	1	7
Sie bereiten sich umfassend auf Verhandlungen vor.	1	7
Sie reflektieren den Ablauf von Verhandlungen.	1	7
Sie erkennen die Bedürfnisse und Interessen Ihres Verhandlungspartners.	1	7
Sie richten Ihre Argumentation an den Bedürfnissen des Gesprächspartners aus.	3	7
Summe		

Darüber sollten Sie nachdenken

- In welchen Situationen sind Sie gefordert zu verhandeln? Wie bereiten Sie sich darauf vor? Welche Strategien setzen Sie ein?
- Wann fand Ihre letzte erfolgreiche Verhandlung statt? Wann fand die letzte nicht erfolgreiche Verhandlung statt? Welche Verhaltensweisen und Rahmenbedingungen könnten die Ursache gewesen sein? Welche dieser Verhaltensweisen sind für Sie typisch? Was hätten Sie tun müssen, um ein besseres Verhandlungsergebnis zu erzielen?

- Welche Person aus Ihrem Umfeld ist ein guter, welche ein schlechter Verhandlungspartner? Woran machen Sie das fest? In welchen Situationen waren Sie gefordert, mit dieser Person zu verhandeln? Wie hoch ist Ihre Zielerreichung bei diesen Verhandlungen? Wie können Sie diese erhöhen? In welchem Verhältnis stehen Sie zu dem Verhandlungspartner? Inwiefern spiegelt sich dieses Verhältnis in den Verhandlungen wider? Mit welchem Gefühl gehen Sie in diese Verhandlungen? Inwieweit passen Sie Ihre Strategie Ihrem Gegenüber an? Woran zeigt sich das Ihrer Meinung nach?
- Welche Person aus Ihrem Privat- oder Berufsleben würden Sie als besonders verhandlungssicher bezeichnen? Warum? Wie äußert sich das? In welchen Situationen konnten Sie das beobachten? Welche Konsequenzen hat das? Welche Unterschiede stellen Sie im Hinblick auf Ihr Verhandlungsgeschick fest?

Trainingseinheit 9: Verhandlungsgeschick
Suchen Sie sich Situationen, in denen Sie Ihr Verhandlungsgeschick trainieren können. Verhandeln Sie beim nächsten Möbelkauf mit dem Verkäufer über den Preis. Wählen Sie unterschiedliche Strategien und achten Sie auf die Reaktionen.
Machen Sie sich Situationen in Ihrem beruflichen Umfeld bewusst, in denen Sie gefordert sind zu verhandeln. Dabei muss es sich nicht um klassische Verhandlungssituationen mit Kunden handeln. Viele Gespräche mit Vorgesetzten, Mitarbeitern und Kollegen sind im Grunde auch Verhandlungssituationen. Beide Seiten tragen Ihre Argumente vor und versuchen Ihre Ziele durchzusetzen. Machen Sie sich das bewusst und bereiten Sie sich vor.

3 Soft Skills kommunizieren – wie geht das?

Bewährungsprobe in der Projektarbeit

Inzwischen hat Projektleiterin Juliane Klein ihr Team zusammengestellt. Fünf Mitarbeiter wurden für das Projekt freigestellt, darunter der Software-Spezialist Hans Lüneberg. Der Mitarbeiter ist recht mürrisch, als er zum ersten Treffen des Teams erscheint. „Wäre schön, wenn wir hier nicht zu viel Zeit verlieren würden. Ich habe noch was zu tun", erklärt er Juliane Klein. Sie bemerkt sofort seinen gelangweilten Gesichtsausdruck und den abwesenden Blick. Die Projektleiterin lässt sich davon nicht irritieren. Als alle Teammitglieder versammelt sind, begrüßt sie sie herzlich und steigt dann in die Vorstellung des Projekts ein.

Nach etwa 15 Minuten meldet sich Hans Lüneberg zu Wort: „Ich finde die Fragestellung für dieses Projekt nicht sinnvoll", erklärt er. Juliane Klein nimmt den Einwand ernst und bittet Hans Lüneberg, seine Bedenken kurz zu erläutern. Anschließend schlägt sie Hans Lüneberg vor, am Nachmittag zu ihr zu kommen. Er sagt widerwillig zu.

Am Nachmittag betritt Hans Lüneberg schlecht gelaunt das Büro der Projektleiterin. Das Gespräch verläuft zäh, bis Juliane Klein sagt:„Ich hatte heute Morgen das Gefühl, dass sie nicht gerade glücklich darüber sind, in unserem Team mitzuarbeiten. Woran liegt das? Das Thema müsste Sie doch interessieren." Sie bemerkt, wie Hans Lüneberg bei diesem Satz die Augen zu Boden schlägt. Juliane Klein bittet ihn mit einer freundlichen Geste, Platz zu nehmen. Sie ist ganz Ohr. „Ja, stimmt eigentlich", sagt Hans Lüneberg, „aber ich bin von meinen bisherigen Aufgaben so stark in Anspruch genommen, dass ich gar nicht weiß, wie ich das schaffen soll." Juliane Klein ist erleichtert, dass Hans Lüneberg sein Problem offen ausgesprochen hat. „Wissen Sie, ich möchte ungern auf Sie verzichten", erklärt sie, „wir brauchen jemanden, der Erfahrungen mit der Sache hat. Lassen Sie mich mit der Abteilungsleiterin sprechen. Sie soll Sie in größerem Umfang freistellen. Wäre das eine Lösung?" Hans Lüneberg lächelt: „Danke, Frau Klein. Dann können Sie mit mir rechnen."

Juliane Klein hat wieder einmal bewiesen, dass Sie ein Gespür für Menschen hat. Sie erkennt an Hans Lünebergs Körpersprache, dass der Mitarbeiter ein Problem hat. Sie nimmt sich Zeit für ihn und bittet ihn in ihr Büro. Indem sie ihm aufmerksam zuhört, ihn zum Sprechen ermutigt und quasi „zwischen den Zeilen liest“, findet sie heraus, wo ihm der Schuh drückt, und kann das Problem lösen.

Es genügt nicht, über Soft Skills wie Einfühlungsvermögen, Verhandlungsgeschick, Teamfähigkeit oder Kritikfähigkeit zu verfügen, man muss sie eben auch kommunizieren können. Aber wie funktioniert das? Die Herausforderung besteht darin, dass Sie Ihre Ziele so kommunizieren, dass die Mitarbeiter Sie verstehen und in Ihrem Sinne agieren. Damit Sie das erreichen, müssen Sie zunächst einmal wissen, wie Kommunikation überhaupt funktioniert und wie Soft Skills helfen, die Kommunikation mit den Mitarbeitern zu verbessern.

3.1 Hören Sie aktiv zu!

> Aktives Zuhören bedeutet, Informationen und Emotionen des Gesprächspartners aufzunehmen, zu verstehen und widerzuspiegeln.

Unter aktivem Zuhören versteht man eine bestimmte Form des Feedbacks. Sie achten nicht nur darauf, *was* der andere sagt, sondern auch *wie* er es sagt und wie er sich verhält. Sie müssen herausfinden, was der Gesprächspartner empfindet, was ihn aktuell beschäftigt und welche Interessen er mit dem Gesagten verfolgt.

Aktives Zuhören umfasst also die Fähigkeiten:

- das Gemeinte, und nicht nur das Gesagte herauszuhören
- die Gefühle des Gesprächspartners aufzunehmen
- die Aussagen des Gesprächspartners in eigenen Worten wiedergeben zu können
- die Probleme und Ansichten des Gesprächspartners zu erkennen, ernst zu nehmen und zu akzeptieren

So hören Sie aktiv zu

- Schenken Sie Ihrem Gegenüber Ihre ganze Aufmerksamkeit, lassen Sie sich von nichts ablenken.
- Ermutigen Sie den anderen zum Reden.
- Erkennen Sie Sachverhalte und Gefühle.
- Paraphrasieren Sie Gesagtes wieder, um sicherzustellen, dass Sie richtig verstanden haben.

Lassen Sie sich nicht ablenken

Im beruflichen Alltag werden Sie immer wieder bei Tätigkeiten unterbrochen und gestört, auch bei Gesprächen mit Mitarbeitern. Stellen Sie sicher, dass Sie sich ungestört mit ihnen unterhalten können. Schließen Sie die Tür, bitten Sie den Mitarbeiter, Platz zu nehmen. Lassen Sie Ihre Sekretärin eingehende Anrufe für ein paar Minuten auf die Warteliste setzen. Lassen Sie sich von nichts ablenken, während Ihr Mitarbeiter spricht. Sie sollten ganz Ohr sein für das, was Ihnen der Mitarbeiter sagen will.

Ermutigen Sie zum Reden

Signalisieren Sie Ihrem Mitarbeiter, dass Sie ihm gerne zuhören. Stellen Sie Nachfragen, nicken Sie zustimmend mit dem Kopf, suchen Sie den Blickkontakt. Alle diese Signale ermuntern ihn zum Reden.

Erkennen Sie Gefühle

Was tut Ihr Mitarbeiter, während er spricht? Wirkt er aufgeregt, atemlos, erhitzt oder schlapp? Meidet er Ihren Blick? Sieht er ständig zum Fenster hinaus? Ist er nervös? Achten Sie auf solche nonverbalen Signale, um zu erkennen, wie sich der Mitarbeiter fühlt. Gehen Sie dann auf seine Gefühle ein, um ihn zu beruhigen, zu ermutigen oder seinen Ärger zu dämpfen. Es geht darum, Vertrauen zu bilden. Ihr Mitarbeiter soll sich bei Ihnen aufgehoben fühlen. In einem solchen Klima lässt es sich viel besser über Fragen und Probleme reden.

Bringen Sie die Sache auf den Punkt

Mitarbeiter sind oft so verstrickt in ein Problem, dass sie vor lauter Bäumen den Wald nicht mehr sehen. Dann ist es Ihre Aufgabe herauszukitzeln, wo eigentlich der Schuh drückt oder welchen Wunsch der Mitarbeiter hat. Fassen Sie in eigenen Worten zusammen, wie

Sie die Aussagen Ihres Gesprächspartners verstanden haben, was verbal und nonverbal bei Ihnen angekommen ist. Anschließend können Sie das Gesagte konkretisieren und pointieren, indem Sie die wesentliche Aussage hervorheben („Sie finden also, dass …" – „Sie wünschen sich also im Grunde genommen …"). Wichtig ist, dass Sie keine neuen Aussagen hinzufügen oder voreilige Schlussfolgerungen ziehen. Ihre Aussage darf auch keine Wertung enthalten; mit der Zusammenfassung des Gesagten stimmen Sie weder zu, noch widersprechen Sie. Erst wenn Sie Ihren Mitarbeiter wirklich verstanden haben, dürfen Sie Ihre eigenen Argumente ins Spiel bringen und effektiv einsetzen.

Stellen Sie die richtigen Fragen

Wer fragt, erfährt mehr. Mit Fragen zeigen Sie nicht nur Interesse, sondern verschaffen sich auch mehr Informationen. Finden Sie heraus, welche Gedanken, Einstellungen und Ansichten Ihren Gesprächspartner bewegen. Es gibt zwei Arten von Fragen, die Sie ausprobieren sollten:

Geschlossene Fragen	Offene Fragen
Auf solche Fragen kann Ihr Gesprächspartner nur mit Ja oder Nein antworten. Gerade wenn Sie einen Mitarbeiter dazu bringen möchten, klare Aussagen zu machen, eignen sich geschlossene Fragen sehr gut. Mit ihrer Hilfe lassen sich auch konkrete und verbindliche Informationen und Vereinbarungen festhalten.	Die so genannten W-Fragen (Wieso? Weshalb? Warum? Wie? usw.) sollten Sie stellen, wenn Sie an neuen Informationen interessiert sind. Mithilfe von W-Fragen können Sie ein Gespräch sehr gut steuern.
Dialog-Beispiel: *„Herr Meyer, wollen Sie damit sagen, dass Sie dringend personelle Unterstützung brauchen?" – „Ja, genau das meine ich."* *„Können Sie sich darum kümmern, dass zum Monatsende die neuen Zahlen vorliegen?" – „Ja, sicher."*	**Dialog-Beispiel:** *Chef: „Warum haben Sie mir nicht früher gesagt, dass es bei der Qualitätskontrolle Schwierigkeiten gab?"* *Mitarbeiter: „Wir wollten das Problem selbst lösen."* *Chef: „Und was haben Sie unternommen?"* *Mitarbeiter: „Wir haben eine weitere Mitarbeiterin in die Endkontrolle geholt."* *Chef: „Warum hat es dann immer noch nicht geklappt?" …*

So fragen Sie gekonnt

Hier ein paar Hinweise, worauf Sie generell beim Fragen achten sollten:

- Stellen Sie eine Frage nach der anderen, sonst bekommen Sie unter Umständen nur die Fragen beantwortet, die sich Ihr Gesprächspartner herauspickt.
- Achten Sie darauf, dass die Fragen nicht zu lang und komplex sind.
- Vermeiden Sie, dass die Fragen wie ein Verhör wirken. Variieren Sie die Formulierungen. Wenn Sie jeden Satz mit Warum beginnen, wird Ihrem Gesprächspartner die Unterhaltung wenig Spaß machen.
- Seien Sie so konkret wie möglich, wenn Sie eindeutige Informationen erhalten wollen. Vermeiden Sie unklare, schwammige Bezeichnungen oder Angaben, die Raum für Interpretationen lassen.
- Stellen Sie einen Bezugsrahmen her, damit Ihr Gesprächspartner weiß, worum es geht. In welchem Themenbereich befinden Sie sich? Warum interessiert Sie diese Antwort?
- Verwenden Sie einen einfachen Satzbau und verzichten Sie auf komplizierte Formulierungen.
- Verzichten Sie auf weitschweifige Einleitungen.
- Geben Sie Ihrem Gegenüber Gelegenheit, selbst Fragen zu stellen.

3.2 Senden Sie Ich-Botschaften!

Ich-Botschaften sind klare und ehrliche Aussagen über die eigene Wahrnehmung sowie die eigenen Gefühle und Bedürfnisse.

Mithilfe von Ich-Botschaften erklären wir unserem Gesprächspartner, was wir in einer bestimmten Situation fühlen. Sie fördern Vertrauen und Offenheit. Die Verantwortung für das weitere Handeln wird dem Gesprächspartner überlassen.

Dialog-Beispiel:

Chef: „Ich sage Ihnen ganz ehrlich, dass ich mich von Ihren Worten sehr angegriffen gefühlt habe. Deshalb habe ich so verärgert reagiert."

Mitarbeiter: „Das tut mir leid, das war natürlich nicht meine Absicht. Ich wollte ja eigentlich nur sagen, dass ..."

Chef: „Ich verstehe. Das ist natürlich etwas anderes. Lassen Sie uns darüber noch einmal in aller Ruhe reden ..."

Die meisten Menschen neigen dazu, Du-Botschaften zu senden („Du bist so langsam!" – „Du hältst dich nie an Absprachen!"). Vorwürfe und Anschuldigungen verschlechtern das Gesprächsklima aber nur und drängen den Gesprächspartner in die Defensive. Hingegen beugen Ich-Botschaften unproduktiven Auseinandersetzungen vor. So bauen Sie Ich-Botschaften auf:

- Sie beschreiben das beobachtete Verhalten.
- Sie sagen, was das Gesagte bei Ihnen auslöst, und bewerten es.
- Sie zeigen mögliche Folgen und Konsequenzen auf.

Ob Sie vom Gesprächspartner richtig verstanden werden, hängt nicht allein davon ab, was Sie *gesagt* haben, sondern was er *verstanden* hat. Die Frage ist also: Was kommt beim Zuhörer an?

Jede Nachricht hat vier Seiten

Betrachten wir eine Nachricht etwas genauer, um zu verstehen, warum es so schwierig ist, das zu vermitteln, was man zu vermitteln beabsichtigt. Sie werden dann erkennen, dass eine Nachricht etwas sehr Komplexes ist.

Jede Nachricht hat vier Seiten

1. Der **Inhaltsaspekt** umfasst den sachlichen Teil der Nachricht.
2. Der **Appellaspekt** soll den Empfänger zu einer bestimmten Handlung oder Reaktion bewegen.
3. Der **Selbstoffenbarungsaspekt** enthält Informationen über den Sender und dessen Befindlichkeit.
4. Der **Beziehungsaspekt** drückt aus, in welcher Beziehung Sender und Empfänger zueinander stehen.

Oftmals kommt es zu Problemen bei der Verständigung, weil Menschen auf unterschiedlichen Ebenen kommunizieren. Sie kennen das sicher aus eigener Erfahrung: Je nachdem, welches Ohr Ihre Mitarbeiter gerade geöffnet haben, werden Botschaften unterschiedlich verstanden. Stellen Sie sich vor, Sie würden den Satz sagen: „Die Motivation in unserem Team hat nachgelassen.“ Diese Aussage beinhaltet vier Aspekte und kann „auf vier Ohren“ verstanden werden. Gesagt wurde, was der Empfänger gehört hat, und nicht das, was der Sender sagen wollte:[9]

Dialog-Beispiel:

Chef: „Die Motivation in unserem Team hat nachgelassen."

Ohr 1: Der Mitarbeiter versteht den **Sachinhalt** der Aussage: Er fragt z. B. nach weiteren Details. „Was hat der Chef beobachtet?"

Ohr 2: Der Mitarbeiter versteht die Aussage als **Appell**: „Wir sollen motivierter arbeiten!"

Ohr 3: Der Mitarbeiter versteht die Aussage als **Selbstoffenbarung**: „Unser Chef wünscht sich eine höhere Motivation."

Ohr 4: Der Mitarbeiter versteht die Aussage auf der **Beziehungsebene**: „Der Chef kritisiert uns!"

Was der Empfänger versteht, hängt also davon ab, was gesagt wurde, was er vom Sender und der Sache hält und in welcher Situation er sich gerade befindet.

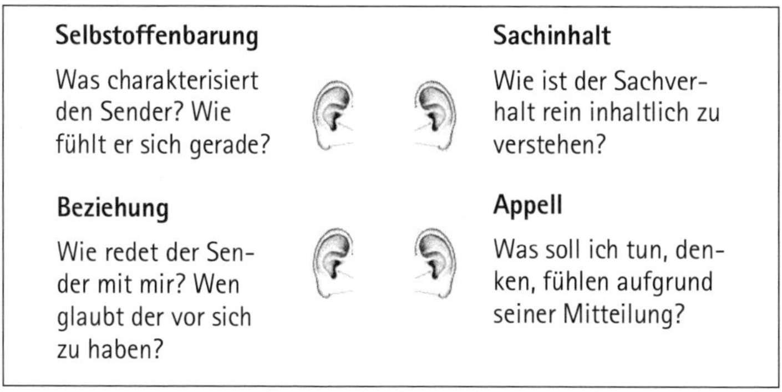

Abb.: Das 4-Ohren-Modell

[9] Vgl. Schulz von Thun, 1981.

3.3 Beherrschen Sie die Körpersprache!

Unter nonverbaler Kommunikation werden die Ausdrucksmittel zusammengefasst, die sich der Körpersprache bedienen. Körpersprache untermalt verbale Aussagen und erhöht ihre Verständlichkeit.

Beherrschen Sie die Körpersprache und können Sie aus der Körpersprache anderer Personen lesen? Die so genannte nonverbale Kommunikation zu beherrschen, ist für eine Führungskraft sehr wichtig. Die Analyse der Körpersprache ermöglicht Ihnen, die Gefühlslage und Stimmung Ihrer Mitarbeiter besser zu interpretieren und sich auf sie einzustellen. Lenken Sie Ihre Aufmerksamkeit auf Gestik, Mimik und Körperhaltung. Auch aus der Intonation, also der Sprechmelodie, und dem Augenkontakt, lassen sich Rückschlüsse auf die Stimmung Ihres Gesprächspartners ziehen. Wichtig ist allerdings, dass Sie Körpersprache immer im Kontext sehen: Der Gesamteindruck ist entscheidend und nicht die einzelne Beobachtung. Vor der Brust verschränkte Arme können, müssen aber nicht auf Abwehr oder Desinteresse deuten, wenn ansonsten eine sehr offene Persönlichkeit vor Ihnen sitzt. Versuchen Sie die Gesamtheit der verbalen und nonverbalen Äußerungen zu analysieren und auf ihre Stimmigkeit zu prüfen.

Diese nonverbalen Signale kommen schlecht an

Wie steht es um Ihre Körpersprache? Haben Sie sie schon einmal kritisch unter die Lupe genommen? Hier eine kleine Liste nonverbaler Signale, die Sie auf jeden Fall meiden sollten:

- Wenn Sie Mitarbeiter in Ihrem Büro empfangen: Lehnen Sie sich nicht lässig im Chefsessel zurück, womöglich noch mit verschränkten Armen. Sitzen Sie aufrecht, mit leicht geneigtem Kopf, legen Sie die Unterarme locker auf den Schreibtisch. Sie können auch Ihren Schreibtisch verlassen und direkt gegenüber dem Mitarbeiter Platz nehmen, dann bildet der Schreibtisch keine „Gesprächsbarriere".
- Schauen Sie nicht ständig zum Fenster hinaus oder auf Ihren Bildschirm, sondern in die Augen Ihres Mitarbeiters.
- Mustern Sie Ihren Mitarbeiter nicht.

- Wenn der Mitarbeiter spricht: Blicken Sie ihn grundsätzlich – auch wenn er Dinge sagt, die Ihnen nicht gefallen – interessiert und offen an.
- Bleiben Sie im Ton ruhig und besonnen. Schreien Sie niemals.
- Berühren Sie Mitarbeiter nicht. Kein Tätscheln oder kumpelhaftes Auf-die-Schulter-Klopfen!
- Kommen Sie Mitarbeitern im wahrsten Sinne des Wortes nicht zu nahe, halten Sie eine Distanz von ca. 50 cm ein.
- Vermeiden Sie Zeichen von Langeweile oder Nervosität (auf die Uhr schauen, mit den Fingern auf den Schreibtisch tippen, Anrufe auf dem Handy prüfen, Füße wippen lassen etc.).
- Wenden Sie sich von Ihrem Gesprächspartner nicht ab (den Rücken zudrehen, den Platz verlassen).

Diese Körpersignale kommen gut an

Hingegen wirken folgende nonverbale Signale vertrauensbildend und fördern konstruktive Gespräche:

- Mit dem Kopf zustimmend nicken
- ein Lächeln zur Begrüßung
- ein gleich bleibend freundlicher Tonfall
- Augenkontakt
- Gesten, die Offenheit demonstrieren (leicht geöffnete Arme, einladende Handbewegungen)
- ungeteilte Aufmerksamkeit

Darüber sollten Sie nachdenken

- Achten Sie in Zukunft auf Ihre nonverbalen Signale. Wie verändert sich beispielsweise Ihre Mimik im Gespräch? Welche Gesten sind typisch für Sie und wann setzen Sie sie ein? Wie steht es um Ihre Körperhaltung? Wie oft und wie lange schauen Sie Ihren Gesprächspartner an? Welchen Eindruck vermittelt Ihre Stimme, in welchen Situationen verändert sie sich?
- Wie reagieren Sie nonverbal in unterschiedlichen Situationen? Wie verhält sich Ihr Gegenüber?
- Trainieren Sie Ihre nonverbale Kommunikation, indem Sie Texte mit verschiedener Intonation, Körperhaltung und Mimik vortragen. Wo bemerken Sie die Unterschiede? Wie äußern sich diese?

4 Kann man Soft Skills messen?

Im Training: Soft Skills gezielt weiterentwickeln

Acht Wochen nach Beginn des Projekts besucht Juliane Klein ein Seminar zum Thema „Teams zum Erfolg führen". Sie hat in den letzten Wochen schon viel erreicht, will aber ihre Fähigkeiten noch verbessern. Außer Juliane Klein sind noch vier weitere junge Projektleiter in der Arbeitsgruppe, darunter Gerd Zimmermann. Als der Seminarleiter das Thema Motivation anspricht, hat Gerd Zimmermann eine Frage: „Kann ich eigentlich messen, wie gut ich mein Team motiviere?" Juliane Klein fügt hinzu: „Ich frage mich auch schon die ganze Zeit, wie ich eigentlich feststellen kann, ob ich zum Beispiel im Umgang mit Konflikten in meinem Team Fortschritte mache?" Der Seminarleiter hat auf diese Fragen gewartet. „Das Problem ist, dass sich ein Soft Skill wie Konfliktfähigkeit in sehr komplexen Situationen manifestiert und von vielen Faktoren beeinflusst wird", erklärt er. Gerd Zimmermann ist mit dieser Antwort nicht zufrieden. „Kann ich denn überhaupt nicht nachprüfen, ob ich mich auf diesem Gebiet verbessert habe?" „Doch", erklärt der Seminarleiter, „Sie können spezielle Verhaltensweisen trainieren, sich dann gezielt beobachten und das Feedback anderer Personen oder eines Coachs einholen. Aber Sie müssen immer bedenken, dass die Fremdwahrnehmung sehr selektiv ist und womöglich nur bestimmte Verhaltensweisen wahrgenommen werden ..."

4.1 Das Problem mit der Selbst- und Fremdwahrnehmung

Für eine Führungskraft wäre es sehr hilfreich, wenn sie ihre eigenen und die Soft Skills ihrer Mitarbeiter messen könnte. Aber da gibt es das Problem mit der Selbst- und Fremdwahrnehmung. Angenommen, Sie würden jemanden damit beauftragen, Ihre Soft Skills zu beobachten und zu erfassen. Diese Aufgabe wäre zum einen nicht zu bewältigen, weil sich Soft Skills in sehr komplexer Weise zeigen. Zum anderen gibt das Fremdbild, also das Bild, das sich andere von

Ihnen machen, nur Verhaltensweisen wider, die in vereinzelten Situationen wahrgenommen wurden (eine tägliche Rundum-Beobachtung wäre schließlich nicht möglich). Können Sie Ihre Soft Skills denn selbst erfassen und messen? Auch das ist nicht zu leisten, denn das Selbstbild setzt sich aus dem gesamten und sehr komplexen Verhaltensspektrum einer Person zusammen.

Unser Selbstbild wird von anderen beeinflusst

Es fängt schon damit an, dass unser Selbstbild nicht frei von äußeren Einflüssen ist. Wussten Sie, dass Ihr Selbstbild im Vergleich mit anderen Personen entsteht? Jeder von uns hat seinen persönlichen Benchmark, der es ermöglicht, die Qualität des eigenen Verhaltens zu bewerten. Leider ist es oft so, dass wir uns mit den „falschen" Personen vergleichen: Sei es, dass sie bereits einige Jahre älter sind und auf mehr Erfahrungen zurückgreifen können oder wesentlich jünger sind – oder einfach bessere Startbedingungen hatten. Vergleichen wir uns mit solchen Personen, wird unser Selbstbild unrealistisch. Einmal werden die eigenen Fähigkeiten unter- und ein anderes Mal überschätzt.

Wir vergleichen uns nicht mit den Richtigen

Die Schwierigkeit liegt somit darin, eine geeignete Vergleichsperson zu finden und dann unser Verhalten unter Berücksichtigung der verschiedenen Einflussfaktoren realistisch einzuschätzen. Es ist schließlich möglich, dass Umweltfaktoren die Ursache für persönlichen Erfolg bzw. Misserfolg sind und das Selbstbild entsprechend beeinflussen. Nur eine ehrliche und kritische Auseinandersetzung mit sich, seinem Verhalten und den Umweltbedingungen ermöglicht es, ein differenziertes und realistisches Selbstbild zu erhalten und somit auch eine realistische Einschätzung unserer Soft Skills.

Das Fremdbild einer Person enthält also wesentlich weniger Facetten als das Selbstbild. Sie kennen das Problem: Sollen Sie eine andere Person einschätzen, orientieren Sie sich an bestimmten Verhaltensmerkmalen, die für diese Person typisch erscheinen oder im Umgang mit dieser Person oft zu beobachten sind. Und wenn Sie sich erst einmal ein Bild von dieser Person gemacht haben, nehmen Sie vornehmlich solche Informationen auf, die Ihren Eindruck immer wieder bestätigen. Anders ausgedrückt: Es ist viel schwieriger, neue oder andere Facetten zu betrachten und zu berücksichtigen, als bestehende zu verstärken. Jetzt wird klar, warum der erste Eindruck, der bereits eine anfängliche Kontur des Fremdbildes darstellt, so wichtig ist: Er lässt sich so schwer korrigieren.

Einschätzen statt messen

Selbst- und Fremdwahrnehmung sind es also, die eine Messung von Soft Skills behindern. Ob und wie groß Ihr Einfühlungsvermögen ist, lässt sich schwer in Zahlen fassen. Gibt es andere Möglichkeiten, Soft Skills zu erfassen und zu bewerten? Sie können

- Verhaltensweisen beschreiben, in denen Sie Einfühlungsvermögen bewiesen haben,
- Kriterien finden, anhand derer Sie feststellen können, ob und wie sich Ihre Fähigkeiten in Hinblick auf den jeweiligen Soft Skill verändert haben,
- festlegen, wann Sie die jeweiligen Soft Skills überprüfen wollen (1 Monat, 3 Monate, 6 Monate etc.). Bestimmen Sie auch, welche Fortschritte Sie sich bis zu diesem Zeitpunkt erwarten. Darüber hinaus beschreiben Sie, woran Sie die Fortschritte erkennen und bewerten können.

Diese Vorgehensweise empfiehlt sich auch, wenn Sie die Soft Skills Ihrer Mitarbeiter genauer untersuchen wollen.

Darüber sollten Sie nachdenken

- Versuchen Sie herauszufinden, wie Sie auf andere Personen wirken. Fragen Sie Freunde und Bekannte nach ihrer Einschätzung. Wo sehen diese Ihre herausragenden Eigenschaften, sowohl positiv als auch negativ?
- Fragen Sie nach, welche Ursachen diese „Außenwirkung“ hat. Welche Rolle spielt die nonverbale Kommunikation? Welches Auftreten haben Sie? Wie authentisch wirken Sie?
- Fragen Sie aktiv nach, welche Wirkung Ihr Verhalten auf andere Menschen hat! Wie fühlen sie sich in Ihrer Gegenwart?
- Wie nehmen Sie andere Menschen wahr? Auf welche Eigenschaften achten Sie besonders? Sind Sie flexibel genug, das anfängliche Bild einer Person zu revidieren?

4.2 Verkleinern Sie Ihren blinden Fleck: das JOHARI-Fenster

Das JOHARI-Fenster, benannt nach den Autoren Joe Luft und Harry Ingham, kann Ihnen bei der Entwicklung Ihrer Soft Skills hilfreich sein. Es zeigt auf, wo ein Mensch seinen „blinden Fleck“ hat. Mit diesem blinden Fleck sind die unbewussten Motive für Verhaltensweisen gemeint.

Beispiel:

Ein Chef tyrannisiert seine Mitarbeiter damit, dass sie ihren Schreibtisch ständig aufgeräumt und klinisch sauber halten müssen.

Unbewusste Ursache: Er hat Angst vor Kontrollverlust.

Das Ziel Ihres „Selbstcoachings“ besteht darin, Ihren blinden Fleck zu verkleinern, d. h. sich über die Motive Ihrer Verhaltensweisen klar zu werden und sie zu ändern. Angenommen, Sie würden Ihre Mitarbeiter öfter anschreien, dann sollten Sie sich fragen, was hinter diesem Verhalten steckt und wie sie es abstellen können.

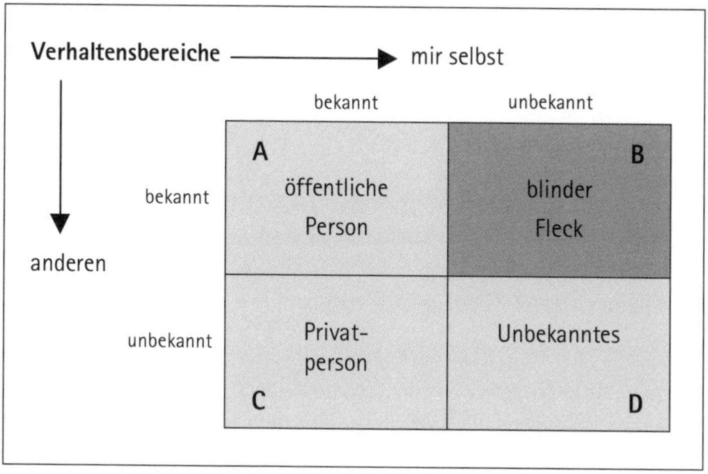

Abb.: Das JOHARI-Fenster

Aber gehen wir kurz näher auf das JOHARI-Fenster ein, um zu verstehen, wo der blinde Fleck liegt und wie er definiert wird. Das Fenster teilt das Verhalten des Menschen in vier Bereiche ein:

- Die öffentliche Person
- Der blinde Fleck
- Die Privatperson
- Unbekanntes

Die öffentliche Person

Dieser Bereich umfasst die öffentlichen Aktivitäten einer Person. Hierbei spielt sich der freie und offene Austausch von Informationen und beobachtbarem Verhalten ab. Handlungen und Verhaltensmuster sind der Person selbst und Dritten bekannt.

Der blinde Fleck

Dieser Bereich umfasst Verhaltensweisen, die der Person nicht bewusst sind, jedoch anderen. Die betroffene Person ist sich nicht darüber bewusst, was ihr Verhalten bei anderen auslöst bzw. wie es interpretiert wird.

Die Privatperson

Dieser Bereich umfasst die privaten Handlungen und Verhaltensmuster, die nur der Person selbst bekannt sind. Dritte erhalten keinen Einblick in diesen Bereich, die Informationen bleiben für sie unzugänglich.

Unbekanntes

Dieser Bereich umfasst Vorgänge und Aktivitäten, die weder der Person selbst, noch Dritten bekannt sind.

Darüber sollten Sie nachdenken

Versuchen Sie nun, Ihr eigenes Johari-Fenster auszufüllen. Nutzen Sie alle Möglichkeiten, Ihren „blinden Fleck" zunehmend zu verkleinern. Überlegen Sie: Welche Reaktionen lösen Sie bzw. Ihr Verhalten aus? Suchen Sie aktiv nach Feedback und lassen Sie sich rückmelden, was andere Menschen über Ihr Verhalten denken.

5 Bedingungen, die den Einsatz von Soft Skills beeinflussen

Besuch in Moskau: Soft Skills in neuem Licht

Juliane Klein hat ihr Projekt erfolgreich abgeschlossen. Die Abteilungsleiterin Anna Prinz ist sehr zufrieden. „Eigentlich wollte ich ja selbst nach Russland fahren und unsere Kollegen über die Erfahrungen mit unserem Projekt informieren. Aber ich glaube, das überlasse ich Ihnen. Haben Sie Lust auf einen Besuch in Moskau?" Juliane Klein ist begeistert: „Das wäre fantastisch. Ich war noch nie dort. Die Frage ist nur, ob ich zurechtkomme." „Machen Sie sich da mal keine Sorgen", beruhigt sie Anna Prinz, „wir haben da drüben deutsche Mitarbeiter, die Ihnen zur Seite stehen werden."

Eine Woche später ist Juliane Klein in der russischen Niederlassung. Am Abend ihrer Ankunft trifft sie sich mit russischen und deutschen Kollegen in einem Lokal. Man bestellt Wodka und prostet sich zu. „Wann wollen wir denn über das Projekt sprechen?" fragt Juliane Klein den Abteilungsleiter Vadim Asimow. In perfektem Deutsch antwortet er:„Sie haben es aber eilig. Jetzt lassen Sie uns doch erst mal anstoßen!"

Am nächsten Tag trifft Juliane Klein den Projektleiter Harald Benz, der seit zwei Jahren in Moskau arbeitet. „Ich hoffe nicht, dass ich mich gestern Abend bei Ihrem Abteilungsleiter unbeliebt gemacht habe", sagt Juliane Klein, „er hat mir deutlich zu verstehen gegeben, dass er nicht über die Arbeit sprechen will. Aber ich habe Angst, dass mir die Zeit davon rennt." Harald Benz lacht: „Hier beschnuppert man sich erst einmal, bevor man zum Geschäftlichen kommt. Das verbessert die Kommunikation ganz erheblich, Sie werden sehen!"

Neben persönlichen Eigenschaften, Fähigkeiten und Kompetenzen gibt es also noch andere Faktoren, die den Einsatz und den Erfolg von Soft Skills beeinflussen. Dazu zählen unter anderem:

- die Landeskultur
- die Unternehmenskultur und
- die Gruppengröße und -dynamik

5.1 Die Landeskultur

Die Landeskultur übt einen großen Einfluss darauf aus, wie Soft Skills wahrgenommen bzw. eingesetzt werden. Sie brauchen interkulturelle Kompetenzen und Sensibilität, wenn Sie mit Menschen aus anderen Ländern und Kulturen zusammenarbeiten wollen. Informieren Sie sich im Vorhinein über die Art, wie man im Ausland miteinander umgeht und was von Ihnen an interkulturellem Wissen erwartet wird. Lernen Sie alles Wichtige über Sitten und Gebräuche, insbesondere auch im betrieblichen Umfeld. Fragen Sie sich immer, ob Ihr Vorgehen in einer bestimmten Sache den landestypischen Regeln Rechnung trägt.

Tipp:

In osteuropäischen Ländern wird Wert darauf gelegt, dass man sich vor der Aufnahme geschäftlicher Beziehungen persönlich kennen gelernt hat. Ein gemeinsames Essen oder ein Besuch in einer Kneipe bilden den Auftakt zu guten Geschäftsbeziehungen. Wenn Sie also mit den neuen Geschäftspartnern einfach nur eine Besprechung in den Räumen Ihres Unternehmens einberufen, um gleich danach an die Arbeit zu gehen, haben Sie wenig Gespür für die Bedürfnisse Ihrer ausländischen Partner gezeigt.

5.2 Die Unternehmenskultur

Auch Branche, Unternehmensgröße und Internationalität eines Unternehmens sowie die individuellen Anforderungen des jeweiligen Aufgabengebietes wirken sich auf die Soft Skills aus. Abhängig vom Kommunikationsstil im Unternehmen bzw. Unternehmensbereich müssen die individuellen Fähigkeiten und Soft Skills angepasst werden. Angenommen, Sie konnten mit Ihrer Überzeugungskraft in Ihrem alten Betrieb sehr viel bewegen. Nun haben Sie das Unternehmen gewechselt und stellen fest, dass Ihre Überzeugungskraft hier nicht sehr gefragt ist. Die Herausforderung besteht für Sie nun darin herauszufinden, ob und in welchem Maß das Soft Skill Überzeugungskraft im neuen Betrieb überhaupt wirksam werden kann.

5.3 Gruppengröße und -dynamik

Der Einsatz und die Wirksamkeit Ihrer Soft Skills werden auch davon beeinflusst, ob Sie alleine agieren oder als Kopf einer Gruppe. Nehmen wir einmal das Soft Skill Durchsetzungsstärke: Wenn Sie alleine agieren, müssen Sie Ihre Interessen lediglich gegenüber anderen durchsetzen. Leiten Sie eine Gruppe, müssen Sie sich erst einmal *gruppenintern* durchsetzen, um sich anschließend *gruppenextern*, also bei anderen Personen im Unternehmen, durchsetzen zu können. Gelingt es Ihnen nicht, sich innerhalb der Gruppe durchzusetzen und die Mitglieder für Ihr Ziel zu gewinnen, werden Sie sich bei Außenstehenden erst recht schwer damit tun. Je größer die Gruppe und je dynamischer die Interaktion, umso mehr kommt es auf Ihre integrativen Fähigkeiten an.

Tipp:

Bedenken Sie immer die unterschiedlichen Rahmenbedingungen, in denen Sie sich bewegen. Sie müssen neben Anpassungsfähigkeit, Flexibilität und Sensibilität für Umweltbedingungen auch die Fähigkeit mitbringen, Ihr Verhalten zu reflektieren und anzupassen.

Darüber sollten Sie nachdenken

- Welche Erfahrungen haben Sie mit anderen Kulturen gemacht? Wie haben Sie sich darauf vorbereitet? Auf welche Schwierigkeiten sind Sie dabei gestoßen? Welche Konsequenzen hatte das für die weitere Beziehung?
- In welchen kulturellen Kontexten bewegen Sie sich? Welche Kenntnisse haben Sie darüber? Versuchen Sie sich weitere Informationen zu beschaffen und beschreiben Sie die Erwartungen, die andere an Sie stellen. Wie können Sie damit umgehen?
- Welche Erwartungen und Anforderungen stellen Ihr Unternehmen und Ihr Aufgabengebiet an Sie? Welchen Einfluss haben diese auf den Einsatz der unterschiedlichen Soft Skills? Überlegen Sie sich, inwiefern Ihr Handeln und Ihr Verhalten durch unternehmensrelevante Rahmenbedingungen eingeschränkt bzw. vorgegeben sind.

- Wie unterscheidet sich die Ausprägung Ihrer Soft Skills im Berufs- und Privatleben? An welchen Kriterien können Sie das erkennen? Worauf führen Sie das zurück?
- Welchen Einfluss hat die Gruppengröße auf Ihr Verhalten? Welche Veränderungen sind bemerkbar?
- Welche weiteren Faktoren determinieren Ihr Verhalten? Was beeinflusst die Ausprägung Ihrer Soft Skills? In welchem Maße passiert das?

6 Wie Sie Soft Skills der Mitarbeiter erkennen und verbessern

Bewerbergespräch: Über welche Soft Skills verfügt der Kandidat?

„Wollen Sie an einem Bewerbungsgespräch teilnehmen?" fragt die Abteilungsleiterin Anna Prinz ihre Mitarbeiterin Juliane Klein. „Schließlich suchen wir jemanden, der Ihnen zuarbeitet, und da wäre es natürlich gut, wenn Sie sich die Bewerber ansehen würden." „Ich bin gerne dabei", antwortet Juliane Klein.

Punkt 9.00 Uhr sitzt der erste Bewerber Anna Prinz und Juliane Klein gegenüber: Es ist der 28-jährige Max Stiller, der über erste Erfahrungen als Assistent der Projektleitung verfügt. Anna Prinz hat einen kompetenzbasierten Fragenkatalog vorbereitet. Da die ausgeschriebene Stelle einen Mitarbeiter erfordert, der stressresistent und gegenüber seinem Chef absolut loyal ist, hat sie sich entsprechende Fragen notiert. Nachdem Herr Stiller bewiesen hat, dass er mit seinen fachlichen Kenntnissen ausgezeichnet in den Aufgabenbereich von Juliane Klein passen würde, geht Anna Prinz dazu über, seine persönlichen Stärken und Schwächen genauer unter die Lupe zu nehmen. „Als Assistent haben Sie ein sehr vielfältiges Aufgabengebiet und in unserem Bereich geht es ab und zu sehr turbulent zu. Sie müssen also belastbar sein. Sind Sie das?" Max Stiller überlegt nicht lange: „Das kann man wohl sagen. Ich habe kein Problem damit, mehrere Aufgaben gleichzeitig zu erledigen. Organisieren ist meine Stärke." Juliane Klein schaltet sich ein: „Ich habe die Erfahrung gemacht, dass perfekt organisierte Menschen es oft nicht ertragen können, wenn ihre Organisation umgeworfen wird. Wie ist das bei Ihnen?" „Ich werde eigentlich immer wieder recht schnell Herr der Lage", sagt Max Stiller, „und passe meine Planung an die Erfordernisse an." „Schön", lobt Anna Prinz und wechselt das Thema: „Wie würden Sie denn Ihr Verhältnis zu Vorgesetzten beschreiben?" Max Stiller stutzt. Er wirkt für einen Moment verunsichert. Dann sagt er: „Meine Aufgabe als Assistent ist es ja, meinem Vorgesetzten zuzuarbeiten. Und da ist es für mich selbstverständlich, mich jederzeit loyal und zuverlässig zu verhalten. Bisher hat es da nie Probleme gegeben."

„Was für einen Eindruck haben Sie?" fragt Anna Prinz Ihre Mitarbeiterin Juliane Klein, nachdem der Bewerber gegangen ist. „Ich fand ihn authentisch und seine Antworten ganz überzeugend", antwortet sie, „er ist auf jeden Fall in der engeren Wahl ..."

Wie erfolgreich Ihre Abteilung ist, hängt wesentlich von den Soft Skills Ihrer Mitarbeiter ab. Deren persönliche Stärken zu erkennen und zu entwickeln ist Ihre Aufgabe. Dazu benötigen Sie ein differenziertes Instrumentarium, das nicht zuletzt Ihre Soft Skills als Beurteiler auf die Probe stellt.

6.1 Das Bewerberinterview

Das Bewerbungsgespräch dient unter anderem dazu, Soft Skills zu erfragen und zu erfassen. Sie möchten nicht nur die fachlichen Kompetenzen prüfen, sondern sich auch ein Bild von der Persönlichkeit des Bewerbers machen. Die Gefahr besteht nun darin, dass Sie sich bei Ihrer Beurteilung von persönlichen Eindrücken und Vorlieben und nicht von objektiven Kriterien leiten lassen. Wie Sie es schaffen, sich ein möglichst umfassendes und vorurteilsfreies Bild von der Persönlichkeit eines Bewerbers zu verschaffen, erfahren Sie im Folgenden.

Soft Skills im Bewerberinterview

Zunächst müssen Sie wissen, über welche Soft Skills der zukünftige Stelleninhaber verfügen soll. Vermutlich haben Sie keine Probleme damit gehabt, die fachlichen Qualifikationen zu benennen. Die Definition der Soft Skills ist jedoch weniger einfach. Wenn Sie schon einmal eine Stellenanzeige verfassen mussten, wissen Sie, wie knifflig und zeitaufwändig es ist, die passenden Soft Skills für die ausgeschriebene Stelle zu definieren. Leider behelfen sich viele Verfasser von Stellenanzeigen damit, dass Sie Schlagwörter aus anderen Anzeigen abschreiben. Hinterher wundern sie sich dann, dass Bewerbungen auf dem Tisch liegen, die sie nicht haben wollten.

Wie gehen Sie also am besten vor? Machen Sie sich eine Liste mit allen wichtigen Soft Skills, die wir Ihnen in diesem Buch vorgestellt haben, und überlegen Sie:

- Welche Relevanz hat jedes einzelne Soft Skill für die zu besetzende Position, d. h. inwieweit wirkt sich sein Vorhandensein positiv oder negativ auf die jeweilige Stelle aus?
- Welches Soft Skill muss bei dem Bewerber bereits stark ausgeprägt sein, welches kann man in Zukunft durch Weiterbildungsmaßnahmen fördern?
- Welches Soft Skill besitzt jetzt und später keine große Bedeutung?
- Welches Soft Skill wirkt sich eher negativ auf die zu besetzende Stelle aus?

Die Position und das damit verbundene Entwicklungspotenzial bestimmen die Relevanz eines Soft Skills. Für eine Tätigkeit, die selbstständig und alleine durchgeführt werden muss, ist es irrelevant, ob der Bewerber teamfähig ist oder nicht. Und für eine Tätigkeit, die darauf ausgelegt ist, dass der Stelleninhaber äußerst loyal und unterstützend agiert, ist es beispielsweise wenig hilfreich, wenn der Kandidat permanent versucht, seine eigenen Ideen und Vorschläge durchzusetzen.

Tipp:

Schauen Sie sich die Aufgaben in der zu besetzenden Position genau an und fragen Sie sich, welche Soft Skills jetzt und in nächster Zeit dafür erforderlich sind.

Die folgende Tabelle kann als Grundlage für die Ermittlung der jeweils relevanten Soft Skills dienen. Die Tabelle können Sie natürlich um weitere mögliche Skills erweitern. Versehen Sie die einzelnen Soft Skills mit einer Gewichtung von 1 bis 3 (1 = geringe Gewichtung, 3 = hohe Gewichtung) und bewerten Sie anschließend ihren Stellenwert für die zu besetzende Position.

	+ +	+	0	–	– –	Gewichtung
Durchsetzungs-vermögen						
Einfühlungs-vermögen						
Integrations-fähigkeit						
Konfliktfähigkeit						
Kritikfähigkeit						
Networking						
Teamfähigkeit						
Überzeugungskraft						
Verhandlungs-geschick						
...						
...						
...						
...						
...						
...						

Diese Bewertung bildet das Soll-Profil des zukünftigen Stelleninhabers ab. Mithilfe dieses Soll-Profils können Sie sich gezielt auf das Bewerbungsgespräch vorbereiten und die für Sie relevanten Fragen stellen. Dabei sollten Sie nicht nur herausfinden, ob der Bewerber die erforderlichen Soft Skills mitbringt. Finden Sie auch heraus, ob er über Soft Skills verfügt, die zu den Anforderungen nicht passen.

Dialog-Beispiel:

„Sie sagten eben, dass Sie ein leidenschaftlicher Teamworker sind und nur in der Zusammenarbeit mit Ihren Kollegen die besten Leistungen bringen. Glauben Sie denn, dass Sie dann für eine Führungsaufgabe geeignet sind?"

Wenn Sie wissen, welche Soft Skills für die zu besetzende Stelle relevant sind, müssen Sie ihre Wirksamkeit auch nachweisen und messen können. Dazu beobachten Sie sein Verhalten. Am besten greifen Sie dabei auf Ihre bisherigen Erfahrungen zurück. Angenommen, Sie würden einen teamfähigen Mitarbeiter suchen, dann müssten Sie sich fragen, welcher Mitarbeiter in Ihrem früheren Team besonders teamfähig war und woran Sie das erkannten. Beschreiben Sie das Verhalten so konkret wie möglich und leiten Sie daraus geeignete Fragen für das Bewerbungsgespräch ab, die Sie schriftlich festhalten. Sie können den Bewerber natürlich auch vor verschiedene von Ihnen konstruierte Probleme stellen, die er lösen muss.

Fragen an den Bewerber

Am besten erstellen Sie einen Fragenkatalog. Bedenken Sie, dass es sich dabei lediglich um Einstiegsfragen handeln soll. Folgen Sie den Ausführungen des Bewerbers aufmerksam und knüpfen Sie dann spontan mit weiteren Fragen an. Wenn der Bewerber erst einmal in die Schilderungen konkreter Situationen eingestiegen ist, können Sie immer tiefer gehende Fragen zu seinem Verhalten stellen.

Dialog-Beispiel:

Personalleiter: „Herr Schneider, als Projektleiter müssen Sie natürlich damit rechnen, dass Sie an dem einen oder anderen Mitarbeiter auch einmal Kritik üben müssen. Wie machen Sie das?"

Herr Schneider: „Also ich habe bislang immer versucht, über Lob und Motivation ein Klima herzustellen, in dem es sich gut arbeiten lässt. Ich musste niemanden kritisieren."

Personalleiter: „Das klingt gut. Aber angenommen, jemand würde über längere Zeit die Leistung vermissen lassen, die Sie erwarten. Wie sprechen Sie mit einem solchen Mitarbeiter?"

Herr Schneider: „Es liegt mir ehrlich gesagt nicht besonders, Kritik zu üben ..."

Personalleiter: „Aber als Projektleiter werden Sie ab und zu nicht darum herumkommen, oder?"

Herr Schneider: „Vermutlich ..."

Um eine möglichst objektiv gestützte Bewertung vornehmen zu können, ist es wichtig, dass Sie bereits vor dem Interview definieren, welche Punkte Ihnen im Hinblick auf verschiedene Soft Skills als besonders relevant erscheinen und welche nicht. Diese Informationen dienen Ihnen im Anschluss an das Interview als Auswertungshilfe und ermöglichen gleichzeitig, unterschiedliche Bewerber miteinander zu vergleichen.

Bewertung des Bewerbers

Ebenso wie das Soll-Profil durch die jeweilige Position vorgegeben ist, ist die Bewertung der Antworten abhängig von der zu besetzenden Stelle. Dazu ist klarzustellen: Es gibt keine generell richtigen Antworten. Im Controlling werden andere Erwartungen an Bewerber gestellt als im Personal. Stelle, Branche und Unternehmen bestimmen die Relevanz und Ausprägung der einzelnen Soft Skills. Darüber hinaus muss man sich freimachen von der Idee, dass die Erwartungen des Unternehmens in allen Punkten zu hundert Prozent erfüllt werden können. Es ist viel wichtiger herauszufinden, ob der Bewerber über Potenzial verfügt und wie dieses im Laufe seiner Entwicklung nutzbar gemacht werden kann.

Darüber sollten Sie nachdenken

- Arbeiten Sie bereits mit der Abfrage von Soft Skills? Wenn ja – mit welchen? Ist Ihre Liste der Soft Skills vollständig?
- Wie bereiten Sie sich auf Bewerbungsgespräche vor? Ist Ihre Vorbereitung ausreichend oder haben Sie öfter das Gefühl, dass ein Gespräch nicht so läuft wie geplant?
- Wie gestalten Sie die Nachbereitung von Bewerbungsgesprächen? Können Sie etwas verbessern? Dokumentieren Sie Ihre Erfahrungen mit Bewerbungsgesprächen und greifen Sie auf diese zurück?
- Wie bestimmen Sie die Anforderungen an eine zu besetzende Position? Gehen Sie systematisch vor? Welche Verbesserungsmöglichkeiten sehen Sie in diesem Zusammenhang?
- Stimmt Ihre Einschätzung eines Kandidaten im Bewerbungsgespräch mit seiner späteren Leistungsfähigkeit überein? Welche Erfahrungen haben Sie diesbezüglich gemacht? Wann hat sich Ihr anfängliches Bild bestätigt und wann wurde es widerlegt?

Welche Gründe waren jeweils ausschlaggebend für die Besetzung? Versuchen Sie die „Erfolge“ und „Misserfolge“ zu systematisieren. Was ist entscheidend im Bewerbungsgespräch und was sind Ihre Maßstäbe im Berufsalltag? Stellen Sie diese Punkte einander gegenüber. Welche Möglichkeiten haben Sie, das „Abfragen“ im Bewerbungsgespräch besser an die Praxis anzupassen?

6.2 Das Mitarbeitergespräch[10]

Das Mitarbeitergespräch hat zwei Ziele. Zum einen soll es dem Mitarbeiter als Orientierung für seine weitere berufliche und fachliche Entwicklung dienen, zum anderen seine Leistungen und die Zusammenarbeit thematisieren. Das Mitarbeitergespräch ermöglicht Mitarbeiter und Führungskraft den Austausch über

- Erfolge und Probleme am Arbeitsplatz,
- Leistung und Arbeitsverhalten,
- Arbeits- und Entwicklungsziele,
- berufliche Entwicklungsperspektiven sowie
- Qualifizierungs- und Fördermaßnahmen.

Mitarbeitergespräche können entweder institutionalisiert zu bestimmten Zeitpunkten oder aber zu bestimmten Anlässen erfolgen. Je nach Themenschwerpunkt heißen Mitarbeitergespräche:

- Motivationsgespräch
- Kritikgespräch
- Feedbackgespräch
- Informationsgespräch
- Überzeugungsgespräch
- Kritikgespräch
- Beurteilungsgespräch
- Ziel(vereinbarungs)gespräch
- Mitarbeiterorientierungsgespräch
- Fördergespräch

---

[10] Vgl. Niermeyer, 2003.

In jedem Fall unterscheiden sich Mitarbeitergespräche von üblichen Routinegesprächen durch:

- eine gewisse Regelmäßigkeit
- eine Einladung
- eine gute Vorbereitung
- einen festgelegten Zeitrahmen
- schriftliche Notizen
- einen Aktionsplan
- einen „formaleren" Charakter

Soft Skills im Mitarbeitergespräch

Das Mitarbeitergespräch stellt eine besondere Interaktions- und Kommunikationssituation zwischen Mitarbeiter und Führungskraft dar. Hier sind gut entwickelte Soft Skills gefordert. Sie müssen unter anderem Einfühlungsvermögen, Kritikfähigkeit und Verhandlungsgeschick unter Beweis stellen. Gleichzeitig sind Sie in der Rolle desjenigen, der Soft Skills beurteilen muss. Wie sehr die Soft Skills Gegenstand des Gesprächs sind, hängt natürlich von Inhalt und Zweck des Mitarbeitergesprächs ab. Wir werden Ihnen im Folgenden einige Beispiele für Mitarbeitergespräche vorstellen.

Was kann das Mitarbeitergespräch leisten?

Mitarbeitergespräche verbessern die Kommunikation zwischen Mitarbeitern und Vorgesetzten. Das institutionalisierte Feedback sorgt dafür, dass es im Arbeitsalltag weniger Abstimmungsschleifen oder Reibungsverluste gibt. Eine erhöhte Produktivität ist die Folge. Darüber hinaus lernen beide Seiten, Mitarbeiter ebenso wie Führungskräfte, ihr Verhalten und ihre Erwartungen besser einzuschätzen. Durch die Rückmeldung der Führungskraft kann das methodische Vorgehen des Mitarbeiters optimiert werden. Die Führungskraft lernt die Kompetenzen und Potenziale des Mitarbeiters kennen und kann ihn durch die Übertragung anspruchsvoller Aufgaben in seiner Weiterentwicklung unterstützen.

Mitarbeitergespräche verbessern die Leistung, weil

- beide Seiten ihr Arbeitsverhalten und ihre Arbeitsleistung besser einschätzen können,
- die Unternehmens- und Feedbackkultur gefördert wird,
- die Übertragung von anspruchsvollen, aber nicht überfordernden Aufgaben gesichert wird,
- der Mitarbeiter sich optimal entwickeln kann.

Die Führungskraft im Mitarbeitergespräch

Im Mitarbeitergespräch übernimmt die Führungskraft mehrere Rollen. Sie ist Initiator, Moderator, Beteiligter, Impulsgeber und Entscheider. Es handelt sich also um eine sehr anspruchsvolle und oftmals schwierige Aufgabe. Für den Vorgesetzten besteht die Herausforderung darin, die richtige Balance zwischen kooperativem Dialog und Abschlussstärke zu halten. Immer wieder beobachten wir, wie insbesondere noch unerfahrene Führungskräfte, die im normalen Tagesgeschäft die kooperative Führung praktizieren, im Mitarbeitergespräch plötzlich ein unangemessen dominantes Verhalten an den Tag legen. Oft zeigt sich die Führungskraft genauso überrascht über dieses Verhalten wie der Mitarbeiter. Wenn wir dann die Führungskraft fragen, warum sie so reagiert hat, erhält man die Antwort: „Ich hatte das Gefühl, die Kontrolle zu verlieren.“
Es ist sehr viel Übung erforderlich, um allen Rollenanforderungen gerecht zu werden. Wer sich gut vorbereitet und das Gespräch sorgfältig plant, gewinnt Sicherheit und beugt so unangemessenem und unproduktivem Verhalten vor. Hier einige wichtige Hinweise, wie Sie ein Mitarbeitergespräch gut vorbereiten und für beide Seiten Gewinn bringend durchführen.

Checkliste: Vorbereitung auf ein Mitarbeitergespräch	✓
Legen Sie die Gesprächsziele fest.	
Schaffen Sie eine produktive Atmosphäre.	
Informieren Sie den Mitarbeiter.	
Strukturieren und leiten Sie das Gespräch.	
Fragen Sie den Mitarbeiter nach seiner Einschätzung der aktuellen Lage und geben Sie als Führungskraft ebenfalls eine Einschätzung ab.	
Formulieren Sie Handlungsempfehlungen und -erwartungen.	
Unterbreiten Sie Vorschläge.	
Fassen Sie das Gesagte zusammen.	
Bestimmen Sie Ziele und halten Sie diese schriftlich fest.	

Die Phasen des Mitarbeitergesprächs

Je nach Funktion des Mitarbeitergesprächs unterscheiden sich Ziele und Inhalte. Folgendes Vorgehen sollte jedoch grundsätzlich immer beachtet werden:

Vorbereitung

↓

Durchführung

↓

Nachbereitung

1. Vorbereitung

Die Phase der Gesprächsvorbereitung dient sowohl der mentalen Einstimmung auf das Mitarbeitergespräch als auch der strategischen Orientierung.

Inhalt und Ziele des Mitarbeitergesprächs

Ob das Mitarbeitergespräch gelingt, hängt wesentlich von Ihrer Vorbereitung ab. Sie müssen wissen, welches Ziel das Gespräch haben soll, welche Themen Sie ansprechen wollen, welche Einschätzungen Sie erfragen möchten. Um Überraschungen zu vermeiden, sollten Sie darüber nachdenken, welche Aspekte Ihr Mitarbeiter ins Gespräch einbringen könnte.

Beantworten Sie vorbereitend immer folgende Fragen:

- Welche Funktion soll das Gespräch haben (z. B. Kritikgespräch, Motivationsgespräch etc.)?
- Worüber will ich sprechen?
- Welche Erfahrung habe ich mit dem Thema?
- Was will ich erreichen?
- Wie kann die (Problem-)Lösung aussehen?
- Mit welchen Teilergebnissen wäre ich noch zufrieden?
- Wie will ich konkret vorgehen?
- Habe ich alle notwendigen Informationen und Unterlagen (Anforderungsprofile, Projektunterlagen usw.)?
- Welche Erwartungen habe ich an den Mitarbeiter?
- Welche Erwartungen könnte der Mitarbeiter an mich haben?
- Welche Widerstände können auftreten?
- Gibt es verschiedene Interessen bzw. Interessengruppen?
- Welche Struktur möchte ich dem Gespräch geben?
- Bei welchen Themen muss ich mehr, bei welchen weniger steuern?
- Welche Gesprächstechniken kann ich einsetzen, um den Gesprächsverlauf zu unterstützen?
- Wie sollen die Ergebnisse konkret aussehen?
- Welche positiven und negativen Ergebnisse sind denkbar?

Wie Sie zum Mitarbeitergespräch einladen

Das Mitarbeitergespräch sollte nicht „spontan" einberufen werden, sondern zu einem angekündigten, gemeinsam vereinbarten Termin stattfinden. Die Initiative zur Einberufung eines Mitarbeitergesprächs geht in der Regel von Ihnen als Führungskraft aus. Neben der Anfangs- sollte auch die Endzeit im Voraus vereinbart werden. Planen Sie grundsätzlich immer etwas mehr Zeit ein. Der Bedeutung des Gesprächs verleihen Sie Ausdruck, indem Sie es persönlich entweder in einem kurzen Gespräch vis-a-vis oder aber telefonisch vereinbaren. Verzichten Sie auf unpersönliche Einladungen per E-Mail, Brief oder über Dritte. Damit das Gespräch zielgerichtet geführt werden kann, sollte die Führungskraft dem Mitarbeiter Zweck und Inhalt des Gesprächs erklären und ihn bitten, sich im Vorfeld eigene Gedanken zu machen. Meist stellen die Personalabteilungen Checklisten oder Leitfäden, für Zielvereinbarungsgespräche jedoch zumindest Formulare zur Verfügung, auf denen die Zielvereinbarungen festgehalten werden. Diese Unterlagen können dem Mitarbeiter helfen, sich strukturiert vorzubereiten und seine Einschätzungen und Vorstellungen einzubringen.

Wo soll das Mitarbeitergespräch stattfinden?

Immer wieder werden wir gefragt, wo denn das Gespräch am besten stattfinden solle, im Büro des Vorgesetzten, des Mitarbeiters oder an einem „neutralen" Ort, wie z. B. einem Besprechungszimmer. Grundsätzlich hängt das natürlich von der Unternehmenskultur ab. Wir meinen, dass das Gespräch nicht im Büro des Vorgesetzten geführt werden sollte. Die meisten Mitarbeiter werden dies als dominante Geste verstehen („Ich werde zum Chef zitiert."). Das sind keine guten Voraussetzungen für einen partnerschaftlichen Austausch. Wählen Sie einen neutralen Ort, beispielsweise ein Besprechungszimmer. Erstens werden Sie hier nicht gestört, zweitens erhält das Gespräch den Stellenwert einer „wichtigen Besprechung". Im Einzelfall kann es jedoch auch angebracht sein, den Termin im Büro des Mitarbeiters abzuhalten. Auf Mitarbeiter, die dem Gespräch mit ängstlicher Zurückhaltung entgegensehen, wirkt dieser „Heimvorteil" sehr beruhigend.

2. Durchführung

Bei der Durchführung des Mitarbeitergesprächs geht es darum,

- ein offenes und positives Gesprächsklima herzustellen,
- eine positive Atmosphäre zu schaffen,
- den Mitarbeiter zu begrüßen und
- Kontakt auf der Beziehungsebene herzustellen.

Begrüßen Sie den Mitarbeiter und versuchen Sie, eine positive Gesprächsatmosphäre herzustellen, indem Sie ein paar „Eisbrecherfragen“ stellen. Dafür eignen sich insbesondere offene Fragen, also Fragen, die der Mitarbeiter nicht nur mit „Ja“ oder „Nein“ beantworten kann. Erkundigen Sie sich ruhig auch einmal nach privaten Dingen (natürlich nicht nach solchen, die Sie nichts angehen). Sie signalisieren dem Mitarbeiter damit, dass Sie sich für ihn als Person interessieren.

Dialog-Beispiel:

„Wie war denn Ihr Urlaub? Ich habe gehört, Sie waren in Australien?" – „Wie verlief Ihr Umzug?"

Sie sind in der Rolle des Gastgebers. Bieten Sie dem Mitarbeiter einen Platz und gegebenenfalls Getränke an. Was die Sitzanordnung betrifft, so platzieren Sie sich am besten über Eck. Dann gibt es keine Barriere zwischen Ihnen und Ihrem Gegenüber, wie es bei der frontalen Sitzordnung gegeben wäre.

Erklären Sie die Rahmenbedingungen

Nachdem Sie durch ein wenig Smalltalk eine positive Grundstimmung erzeugt haben, leiten Sie nun das eigentliche Mitarbeitergespräch ein. Sie stellen erst einmal den Zweck und das Ziel vor und sagen, wie lange das Gespräch dauern wird. Erläutern Sie die Struktur des Gespräches anhand von Themen, die Sie aus Ihrer Sicht ansprechen möchten. Geben Sie dem Mitarbeiter im Anschluss daran Gelegenheit, eigene Themen einzubringen und halten Sie diese gegebenenfalls schriftlich fest.

Der Gesprächsverlauf

Halten Sie sich im Verlauf des Dialogs an die im Vorfeld festgelegte Vorgehensweise und Struktur. Hier zeigt sich, wie gut Sie sich auf das Gespräch vorbereitet haben. Arbeiten Sie nicht nur die vorgesehenen Themen ab. Beachten Sie auch die folgenden Punkte:

- Schreiben Sie während des Gespräches die wichtigsten Punkte, Aussagen, Vereinbarungen mit.
- Als Faustregel gilt: ein Drittel eigener Gesprächsanteil, zwei Drittel Gesprächsanteil des Mitarbeiters.
- Leiten Sie das Gespräch durch offene Fragen. Wer fragt, führt!

- Halten Sie sich an den festgelegten, vereinbarten Gesprächsablauf.
- Stellen Sie die Wichtigkeit des Mitarbeiters heraus und erklären Sie ihm den Zusammenhang zwischen seiner Arbeit und den Unternehmenszielen.
- Erfragen Sie zunächst immer die Einschätzung des Mitarbeiters, bevor Sie Ihre eigene abgeben.

Auch wenn Sie sich gut vorbereitet und an Ihren Gesprächsleitfaden gehalten haben, kann es natürlich passieren, dass der Mitarbeiter unerwartete Aspekte oder Probleme nennt, die den Rahmen des Gespräches sprengen würden. Überfahren Sie den Mitarbeiter dann nicht bzw. blocken Sie nicht ab. Reagieren Sie flexibel und situativ. Lassen Sie den Mitarbeiter zunächst den für Sie unerwarteten Aspekt bzw. das Problem kurz schildern. Solche „Störungen" haben Vorrang! Wenn der Mitarbeiter die Sachlage soweit geschildert hat, dass Sie das Ausmaß einschätzen können, müssen Sie entscheiden, wie Sie weiter vorgehen. Erscheint Ihnen die neue Sachlage so schwer wiegend, dass die Angelegenheit dem eigentlichen Gesprächsanlass vorgezogen werden sollte, so sprechen Sie dies offen an.

Dialog-Beispiel:

„Mit diesem Problem hatte ich nicht gerechnet. Es scheint so schwer wiegend zu sein, dass wir es jetzt klären sollten. Was meinen Sie dazu? Sollen wir dieses Thema vorziehen und das (Jahres-, Ziel-, Informations-)Gespräch zu einem anderen Zeitpunkt, vielleicht am ... fortführen?"

Ist der angesprochene Aspekt zwar wichtig, jedoch nicht vorrangig, sollten Sie versuchen, das Problem zu vertagen und das Gespräch fortführen. Erklären Sie kurz, warum Sie so vorgehen, und legen Sie einen Termin fest, bei welchem Sie das Thema besprechen können.

Dialog-Beispiel:

„Diesen Aspekt/dieses Problem hatte ich gar nicht bedacht. Ich würde das Thema gerne vertiefen. Ich schlage vor, wir setzen uns zu einem anderen Termin zusammen, um die Sache zu besprechen. Was halten Sie davon?"

Der Gesprächsabschluss

Zum Schluss fassen Sie die angesprochenen und vereinbarten Punkte zusammen. Gehen Sie dabei strukturiert nach dem festgelegten Gesprächsablauf vor und wiederholen Sie die wichtigsten Themen und Vereinbarungen. Im Sinne des kooperativen Dialogs sollten Sie sich beim Mitarbeiter rückversichern, dass er dem Resümee zustimmt. Eventuelle Unstimmigkeiten können an dieser Stelle kurz besprochen und geklärt werden. Erläutern Sie das weitere Vorgehen, legen Sie hierzu möglichst schon weitere Termine, Abstimmungsgespräche und Meilensteine fest. Am besten notieren Sie alles. Damit der Mitarbeiter das Gespräch und eventuelle Vereinbarungen nachvollziehen kann, erhält er im Nachgang ein Gesprächsprotokoll. Um die Vereinbarungen zu bekräftigen, sollte es sowohl von der Führungskraft als auch vom Mitarbeiter abgezeichnet werden. Beenden Sie das Gespräch mit motivierenden Worten. Nachdem das eigentliche Mitarbeitergespräch abgeschlossen ist, spricht nichts gegen eine „kleine Plauderei", die den Dialog in entspannter Atmosphäre ausklingen lässt. Hier noch einmal die Punkte, auf die Sie beim Abschluss des Gesprächs achten sollten:

- Fassen Sie wichtige Punkte des Gespräches kurz zusammen.
- Vereinbaren Sie Ergebnisse und halten Sie sie schriftlich fest.
- Vereinbaren Sie, falls notwendig, weitere Gesprächstermine.
- Schließen Sie das Gespräch in positiver Atmosphäre ab.

3. Nachbereitung

Die Frage ist nun, welche operativen Schritte nach dem Gespräch anstehen? Möglicherweise müssen Sie noch andere Personen beteiligen oder informieren. Wurden Folgegespräche vereinbart, ist es sinnvoll, sich bereits zu diesem Zeitpunkt, wenn alle Gesprächseindrücke noch „frisch" sind, über die Ziele und Inhalte bewusst zu werden. Steigen Sie also frühzeitig in die Vorbereitungsphase ein. Allgemein ist es sinnvoll, im Anschluss an das Gespräch die Ergebnisse zu beurteilen und Rückschlüsse zu ziehen:

- Haben Sie Ihre Ziele erreicht? Welche Ziele haben Sie erreicht?
- War Ihre Struktur/Vorgehensweise sinnvoll?
- Konnten Sie Ihre Struktur/geplante Vorgehensweise beibehalten?

- Haben Sie die Grundregeln für den Gesprächsverlauf eingehalten (Redeanteil, offene Fragen, kooperativer Dialog usw.)?
- Gab es im Gespräch kritische Situationen? Wie haben Sie sich verhalten? Welche Faktoren, Bedingungen und Überlegungen waren eher hinderlich?
- Was haben Sie gut gemacht? Was hat bei diesem Gespräch gut geklappt?
- Wie würden Sie die Gesprächskultur beschreiben?
- Welche Eindrücke haben Sie über den Mitarbeiter gewonnen?
- Stehen Aufwand und Nutzen des Gesprächs in einem ausgewogenen Verhältnis?
- Was sollten Sie im nächsten Gespräch anders angehen?

Wenn Mitarbeitergespräche schwierig sind

Wie gut Sie das Instrument des Mitarbeitergesprächs beherrschen, zeigt sich insbesondere in schwierigen Gesprächen. Oft entwickeln sich vermeintlich „normale" Mitarbeitergespräche zu schwierigen Auseinandersetzungen, ohne dass die Führungskraft die Warnsignale erkennt. Die Führungskraft, die das Gespräch leitet, ist verantwortlich für den Verlauf und sollte daher auf Warnsignale reagieren. Aufmerksam sollten Sie werden, wenn der Mitarbeiter

- zurückhaltend und desinteressiert wirkt,
- verschlossen ist und auf Argumente nicht eingeht,
- Kritik und Feedback abwehrt,
- ständig Ausreden vorbringt, die schlechten Rahmenbedingungen oder die Kollegen für Misserfolge und Pannen verantwortlich macht,
- Unsicherheit, Niedergeschlagenheit, Selbstzweifel zeigt,
- aggressiv und vorwurfsvoll klingt,
- übertrieben freundlich ist, sich einschmeicheln will oder
- ständig widerspricht und trotzig reagiert.

Insbesondere jüngere Führungskräfte übergehen solche Misstöne oft, um das Gespräch zielorientiert zu Ende zu führen. Doch damit sind die Probleme nicht gelöst. Treten Konflikte nicht während des Gespräches an die Oberfläche, brodeln sie weiter und brechen sich an anderer Stelle Bahn. Konflikte lassen sich auf Dauer nicht ver-

meiden. Auch wenn der Konflikt im Gespräch selbst noch einigermaßen unterdrückt werden kann, ist in dieser Situation die Basis des Mitarbeitergespräches – der kooperative Austausch – nicht mehr möglich. Fragen Sie den Mitarbeiter also, was ihn bedrückt!
Es liegt in der Natur der Sache, dass Mitarbeitergespräche nicht immer einfach sind. Schließlich geben hier zwei Seiten Leistungseinschätzungen ab und diese fallen oft unterschiedlich aus. Das Instrument setzt aber voraus, dass man sich letztlich näher kommt in seinen Einschätzungen. Um die Gespräche konstruktiv zu gestalten und positiv abzuschließen, sollten Sie Techniken der Überzeugung und Einwandbehandlung beherrschen:

Geben Sie Ihre bedingte Zustimmung[11]

Hierbei geht es darum, dem Gesprächspartner in Teilaspekten zuzustimmen, bei anderen Aspekten aber die eigene Meinung zu verdeutlichen.

Dialog-Beispiel:

„In diesem Aspekt stimme ich Ihnen zu, aber ..."

Lassen Sie den anderen sich leer reden

Wenn der Gesprächspartner sehr vehement einen Standpunkt vertritt und Sie kaum zu Wort kommen lässt, wenden Sie diese Technik an. Lassen Sie den anderen so lange reden, bis er alle Aspekte vorgebracht hat und bringen Sie erst dann eigene (Gegen-)Argumente vor.

Paraphrasieren Sie

Wiederholen bzw. „spiegeln" Sie, was der Mitarbeiter gesagt hat. Zum einen kann man durch das Zurückspiegeln des Kerngedankens sicherstellen, dass man das Gesagte verstanden hat. Zum anderen fühlt sich der Gesprächspartner ernst genommen und öffnet sich. Unterschwellige Aggressionen werden abgebaut und man kann zum eigentlichen Kern des Problems vordringen. Wichtig ist es, den Sinn

[11] Vgl. Höher/Höher 2000.

zu paraphrasieren, es sollte nicht die genaue Wortwahl des Gegenübers wiedergegeben werden.

Dialog-Beispiel:

„Wenn ich Sie richtig verstanden habe, ist es Ihnen wichtig, dass ..."; „Sie sind also der Meinung, dass ..."

Ermutigen Sie den anderen, sich emotional zu öffnen

Eine weitere Methode, um den Mitarbeiter zu „öffnen", ist das Reflektieren bzw. Interpretieren einer persönlichen Wahrnehmung in Verbindung mit der Frage nach der Ursache.

Dialog-Beispiel:

„Ich sehe, Sie sind noch nicht richtig überzeugt. Darf ich fragen, woran das liegt?"; „Sie scheinen dem Ganzen recht skeptisch gegenüber zu stehen. Woran liegt das?"

Stellen Sie eine Gegenfrage

Blockt der Gesprächspartner jegliche Lösungs- oder Kompromissvorschläge ab, können Sie die Technik der Gegenfrage anwenden. Sie zwingt den Gesprächspartner, Stellung zu beziehen und seinerseits konstruktiv zur Einigung beizutragen.

Dialog-Beispiel:

Mitarbeiter: „Ich bin nicht bereit, dem zuzustimmen."

Vorgesetzter: „Welchem Vorschlag könnten Sie denn zustimmen?"

Mitarbeiter: „Dieser Vorschlag scheint mir kaum praktikabel."

Vorgesetzter: „Wie könnte denn aus Ihrer Sicht ein praktikabler Ansatz aussehen?"

Plus- & Minus-Methode

Bei schwierigen und langwierigen Verhandlungen fassen Sie alle Vor- und Nachteile und damit die Konsequenzen eines Vorschlags noch einmal zusammen.

Bumerangmethode

Bei dieser Technik gilt es, ein scheinbar schlüssiges Argument des Gesprächspartners als direktes Gegenargument zu nutzen. Sie drehen den Spieß um.

Dialog-Beispiel:

Mitarbeiter: „Für diese Aufgabe besitze ich sowieso nicht die entsprechende Fachkenntnis."
Führungskraft: „Dann sollten wir uns darüber unterhalten, wie Sie sich diese Kenntnisse aneignen können."

Nehmen Sie Einwände vorweg

Einwände, die Ihr Gegenüber äußern könnte, nehmen Sie vorweg und widerlegen sie mit einem passenden Argument. Diese Methode setzt voraus, dass Sie die Einstellungen und Absichten des anderen gut kennen bzw. sich gut in ihn hineinversetzen können. Als Führungskraft signalisieren Sie, dass Sie sich Gedanken über das Für und Wider gemacht und Ihren Entschluss abgewogen haben.

Dialog-Beispiel:

„Sie werden jetzt vielleicht zu bedenken geben ... Ich bin jedoch der Meinung, dass ... "; „Vielleicht fragen Sie sich jetzt, ob ... Dazu kann ich nur sagen, dass ..."

Erzählen Sie eine Anekdote

Erzählen Sie eine zum Problem bzw. Argument passende Anekdote aus Ihrem persönlichen Erleben. Ihr Gegenüber bekommt das Gefühl, dass Sie ein solches Problem schon einmal selbst erlebt und daraus gelernt haben.

Dialog-Beispiel:

„Das kann ich nachvollziehen. Ich habe da mal eine ganz ähnliche Situation erlebt ... Allerdings bin ich zu dem Schluss gekommen, dass ... "

Aber keine Angst: Die wenigsten Mitarbeitergespräche sind von vornherein schwierig. Oft werden sie es erst durch ein paar impulsive Äußerungen, die dann in einen Schlagabtausch münden. Als Führungskraft tragen Sie die Verantwortung für die Gesprächsführung. Lassen Sie sich niemals dazu hinreißen, anders als sachlich zu antworten, und vermeiden Sie die folgenden „Killerphrasen“:

Killerphrasen im Mitarbeitergespräch	
Anklage	*„Das haben Sie mutwillig falsch gemacht!"*
Ironie	*„Das haben Sie ja fantastisch hingekriegt!"*
Übertreibung	*„Ich habe Ihnen das schon tausendmal gesagt und Sie tun es immer wieder!"*
Etikettierung	*„Das ist mal wieder typisch für Sie."*
Alte Geschichten	*„Ja, ja, ich erinnere mich noch an letztes Jahr, kurz vor Weihnachten. Das war doch das Gleiche."*
Mutmaßungen	*„Sie haben doch bestimmt wieder ..."*
Referenzen	*„Ich habe auch schon von anderen gehört, dass Sie so reagieren."*
Sarkasmus	*„Wenn Sie weiter so uneinsichtig sind, können wir es auch gleich lassen."*
Interpretationen	*„Ich weiß schon, warum Sie so reagieren."*
Andeutung	*„Das kennen wir ja schon von Ihnen. Das passiert ja nicht das erste Mal."*
Drohung	*„Wenn Sie nicht bald zur Vernunft kommen, dann ..."*
Beleidigung	*„Sie sind ein Versager."*

Darüber sollten Sie nachdenken

- Welche Art von Mitarbeitergesprächen haben Sie bisher geführt? Wie haben Sie sich vorbereitet? Wie verliefen die Gespräche? Wie haben Sie sie nachbereitet? Wie haben Sie die Umsetzung der Vereinbarungen überprüft und bewertet?
- Beschreiben Sie ein erfolgreiches und ein nicht erfolgreiches Mitarbeitergespräch, das Sie geführt haben. Wieso war das Gespräch erfolgreich/nicht erfolgreich? Was waren die markanten Unterschiede zwischen den Gesprächen? Was waren die Themen/Inhalte? Welche Position hatten Sie? Wie haben Sie sich vorbereitet? Welches Verhältnis hatten Sie zu diesem Mitarbeiter? Welche Konsequenzen hatten die Gespräche?

- Welche Soft Skills haben Sie im Rahmen von Mitarbeitergesprächen einsetzen können? Wie hat sich das gezeigt?
- Wie thematisieren Sie Soft Skills in Mitarbeitergesprächen? Auf welche Möglichkeiten können Sie zurückgreifen? Wie könnten Sie noch vorgehen?

Selbstcheck

Der Selbstcheck auf der folgenden Seite unterstützt Sie dabei herauszufinden, welche Faktoren Sie in Hinblick auf Mitarbeitergespräche berücksichtigen. Nutzen Sie die Chance erste Ansatzpunkte zu erhalten, an welchen Punkten Sie aktiv arbeiten können, um Mitarbeitergespräche erfolgreicher zu gestalten. Ihre Ziele und Fähigkeiten stellen dabei die Grundlage für die Bewertung dar. Wie hoch ist Ihr aktueller Erfüllungsgrad auf einer Skala von 1-10 (1 = sehr wenig ausgeprägt und 10 = sehr stark ausgeprägt). Machen Sie sich bewusst, welche Bedeutung erfolgreiche Mitarbeitergespräche für Ihre beruflichen Ziele spielen und spielen werden, und legen Sie Ihren idealen Zielerreichungsgrad ebenfalls auf der Skala von 1-10 fest.
Summieren Sie die Skalenwerte und vergleichen Sie den Erfüllungsgrad und den Zielgrad. Wie groß ist die Kluft zwischen beiden Werten? Oder erfüllen Sie die Fähigkeit in angemessenem Rahmen? Wo sehen Sie Punkte, an denen Sie ansetzen müssen? Nutzen Sie die Chance, Ihre Potenziale gezielt weiterzuentwickeln. Versetzen Sie sich bewusst in solche Situationen, in denen ein entsprechendes Verhalten erforderlich ist, und reflektieren Sie Ihr Vorgehen. Was bereitet Ihnen Schwierigkeiten? Was fällt Ihnen leicht?

Selbstcheck: Das Mitarbeitergespräch	**Erfüllungs-grad**	**Zielgrad**
Ziele festlegen		
Auf den Mitarbeiter einstellen		
Günstige Rahmenbedingungen sichern		
Gespräch positiv eröffnen		
Persönlichen Kontakt herstellen		
Sachlichen Kontakt herstellen		
Aufmerksamkeit erwecken		
Informationen geben und empfangen		
Mitarbeitergespräch lenken		
Mitarbeiter überzeugen		
Verschiedene Fragetechniken einsetzen		
Ich-Botschaften äußern		
Aktives Zuhören		
Kontakt- und Beziehungspflege		
Auftrag erteilen		
Informationen visualisieren		
Kritik aussprechen		
Probleme lösen		
Anerkennung aussprechen		
Beurteilung aussprechen		
Gesprächsgegenstand analysieren		
Mitarbeitergespräch beenden		
Summe		

6.3 Das Zielvereinbarungsgespräch[12]

Das Zielvereinbarungsgespräch legt operative Ziele fest, die der Mitarbeiter in einem bestimmten Zeitraum (meist innerhalb eines Jahres) erreichen soll. In vielen Unternehmen wird das Instrument richtigerweise auch als „Zielgespräch" bezeichnet, da einer Zielvereinbarung am Ende des gesetzten Zeitraums natürlich auch die Überprüfung der Zielerreichung folgt.

Soft Skills in Zielvereinbarungsgesprächen

Soft Skills stellen einen wichtigen Bestandteil von Zielvereinbarungsgesprächen dar. Zum einen ist der Einsatz von Soft Skills erforderlich, um mit den Mitarbeitern offen und fair über den aktuellen Stand ihrer Entwicklung, ihr Entwicklungspotenzial sowie die Ableitung entsprechender Ziele zu sprechen. Zum anderen können Soft Skills einen nicht unerheblichen Teil vereinbarter Ziele ausmachen. So kann beispielsweise ein Ziel darin bestehen, die Verhandlungsfähigkeit eines Mitarbeiters zu erhöhen.
Mithilfe von Zielvereinbarungsgesprächen werden jedoch nicht nur Ziele definiert, sondern auch festgelegt, wie diese erreicht werden können und welche Möglichkeiten man zur Beurteilung heranziehen kann. Sie müssen also in der Lage sein, Kriterien zu definieren, mit deren Hilfe man Veränderungen eines Soft Skills oder einer Fähigkeit festhalten kann.

Was leistet das Zielvereinbarungsgespräch?

Wenn Mitarbeiter motiviert sein sollen, brauchen sie Ziele. Die „von oben" formulierten Unternehmensziele eignen sich dazu wenig, denn sie sind in der Regel sehr abstrakt und mitarbeiterfern. Von einer Aussage wie „Die Elektro-Plus GmbH will ihren Umsatz im nächsten Jahr um 30 Prozent steigern", wird sich kaum ein Mitarbeiter begeistern lassen, noch weniger wird er allein so Commitment zeigen. Also müssen aus den Unternehmenszielen Bereichsziele und schließlich attraktive Mitarbeiterziele abgeleitet werden.

---

[12] Vgl. Niermeyer, 2003.

Das Konzept des Zielvereinbarungsgesprächs besteht nun darin, dass die Führungskraft gemeinsam mit dem Mitarbeiter Ziele definiert. Das hat zahlreiche Vorteile:

- Mitarbeiter, die mit ihrem Vorgesetzten Ziele vereinbart haben, fühlen sich an diese eher gebunden.
- Die Motivation steigt, wenn der Mitarbeiter weiß, dass er von der Zielerreichung persönlich profitieren wird.
- Der Mitarbeiter denkt und handelt unternehmerisch. Er erkennt, dass sein Nutzen von der Erreichung der Unternehmensziele abhängt.
- Zielvereinbarungen fördern das strukturierte, zielorientierte Arbeiten. Der Mitarbeiter lernt seine Aufgaben zu organisieren, sich Teilziele zu setzen und deren Erfolg zu messen.

Erweitern Sie die Kompetenzen Ihrer Mitarbeiter

Vorausgesetzt, es werden anspruchsvolle, aber erreichbare Ziele vereinbart, so erweitern sich auch die Kompetenzen des Mitarbeiters. Bedeutsam ist in diesem Zusammenhang, dass auch hier auf ein (Personalentwicklungs-)Ziel hingearbeitet werden soll. Dazu muss sich die Führungskraft folgende Fragen stellen:

- Welche Position sollte/möchte der Mitarbeiter erreichen?
- Welche Aufgabenbereiche könnte der Mitarbeiter kurz-, mittel- und langfristig erreichen?
- Welche Stärken/Entwicklungsfelder weist der Mitarbeiter auf?
- Welche Kompetenzen braucht der Mitarbeiter, um ein neues, erweitertes Aufgabenfeld ausfüllen zu können?

Leistung kann objektiv gemessen werden

Zielvereinbarungsgespräche haben den Vorteil, dass man die Performance des Mitarbeiters objektiv erfassen kann. Sind die Ziele klar gesetzt und mit messbaren Kriterien hinterlegt, kann für Vorgesetzte und Mitarbeiter die Leistung nachvollziehbar beurteilt und gegebenenfalls vergütet werden. Die Performance erhält im wahrsten Sinne des Wortes eine Wert-Schätzung. Loyalität und Commitment auf Mitarbeiterseite werden gesteigert.

Der Nutzen des Zielvereinbarungsgesprächs

- Das unternehmerische Denken und Handeln des Mitarbeiters wird gefördert.
- Mitarbeiter lernen strukturiert und zielorientiert zu arbeiten.
- Die konkrete Leistungsbeurteilung und -vergütung wird möglich.
- Durch das Herunterbrechen der Unternehmensziele auf Mitarbeiterebene wird der Wertschöpfungsbeitrag erhöht.
- Der Mitarbeiter wird im Sinne einer Personalentwicklung gefördert.
- Die Leistung verbessert sich (in Bezug auf Güte und Menge).
- Commitment und Loyalität werden gesteigert.

Die Phasen des Zielvereinbarungsgesprächs

Das Zielvereinbarungsgespräch, als spezielle Form des Mitarbeitergesprächs, vollzieht sich in ähnlichen Phasen. In den meisten Unternehmen werden die Zielvereinbarung und -überprüfung nacheinander, jedoch innerhalb eines Termins durchgeführt. Das Gespräch läuft in folgenden Phasen ab:

1. Einleitung
   - Begrüßung
   - Aufbau einer angenehmen Gesprächsatmosphäre
2. Darstellen der Rahmenbedingungen
   - Zeitlicher Rahmen
   - Festlegen der Gesprächsziele und -inhalte
3. Überprüfung der Zielerreichung
   - Anhand der Einzelziele bzw. deren Kriterien
   - Ermittlung der Ursachen, des Arbeitsumfeldes, Veränderungsnotwendigkeiten bei Nicht-Erreichung der Ziele
4. Zielvereinbarung für das Folgejahr
   - Gemeinsame Erarbeitung von persönlichen Entwicklungszielen und möglichen Entwicklungsmaßnahmen
   - Gemeinsame Erarbeitung von Arbeitszielen für das Folgejahr (inklusive Hinterlegung mit Messkriterien, Meilensteinen und Rahmenbedingungen)

5. Gesprächsabschluss
   - Zusammenfassung des Gespräches/der Vereinbarungen (mündlich und schriftlich im Zielvereinbarungsformular)
   - Gegebenenfalls Vereinbarung eines Folge- oder Zwischenchecktermins
   - Positiver Gesprächsabschluss

Vorbereitung auf das Zielvereinbarungsgespräch

Eine sorgfältige Vorbereitung ist für ein erfolgreiches Zielvereinbarungsgespräch unverzichtbar. Arbeiten Sie im Vorfeld die folgende Checkliste durch:

Checkliste: Vorbereitung auf ein Zielvereinbarungsgespräch	✓
Welche Ziele würden die Entwicklung meines Mitarbeiters unterstützen?	
Welche Ziele wären in diesem Zusammenhang fordernd, aber nicht überfordernd? (Bedenken Sie in diesem Zusammenhang den „Reifegrad" Ihres Mitarbeiters!)	
Welche Ziele möchte ich mit dem Mitarbeiter vereinbaren?	
Welche Interessenkonflikte, entgegengesetzte Einschätzungen könnten auftreten?	
Welche Schwierigkeiten könnten bei der Durchführung entstehen?	
Wären weitere Personen an der Durchführung beteiligt?	
Wie realistisch sind die organisatorischen Rahmenbedingungen?	
Mit welchen Messkriterien könnten die Ziele gemessen werden?	
Welche Hilfsmittel, Instrumente, Informationen müssen zur Verfügung stehen?	
Welche Meilensteine, Zwischenchecks sind zu vereinbaren?	

Was muss bei der Zielformulierung beachtet werden?

Um die Effektivität des Instruments Zielvereinbarung sicherzustellen, sollten Sie ein besonderes Augenmerk auf die Zielformulierung legen. Achten sie bei der Zielformulierung auf:

- Realisierbarkeit (Erreichbarkeit)
- Messbarkeit (Hinterlegung von Zahlen, beobachtbaren Verhaltensweisen)
- Beeinflussbarkeit (durch den Mitarbeiter)
- Angemessenheit (Reife des Mitarbeiters, Rahmenbedingungen)
- Sinnhaftigkeit (keine sich gegenseitig ausschließenden Ziele, sondern Ziele, die den Mitarbeiter, das Team, den Bereich, das Unternehmen weiterbringen)
- Eindeutigkeit (Rahmenbedingungen, Zuständigkeiten)

Formulieren Sie Ziele konkret und eindeutig

Ziele müssen messbar sein. Deshalb werden Zielen Kriterien zugeordnet, mit deren Hilfe sich der Grad der Zielerreichung messen lässt. Bei quantitativen Zielen können diese relativ leicht mit Zahlen hinterlegt werden. Schwieriger wird es jedoch bei qualitativen, „weichen" Zielen wie der Entwicklung von Soft Skills. Hier müssen Sie andere Wege gehen, um Lerneffekte nachzuweisen, wie das folgende Beispiel zeigt:

Beispiel:

Ein Mitarbeiter soll ein Seminar zum Thema Konfliktmanagement besuchen. Wie lässt sich nach dem Seminar feststellen, ob der Mitarbeiter tatsächlich Kompetenzen im Umgang mit Konflikten erworben hat? Sie können den Mitarbeiter beispielsweise auffordern, vor anderen Teammitgliedern über die Inhalte des Trainings zu referieren. Sie überprüfen dabei nicht nur das Wissen des Mitarbeiters, Sie betreiben auch Knowledge-Management. Die anderen Mitarbeiter lernen dazu und wissen, wen sie bei entsprechenden Problemen in Zukunft ansprechen können. Sie können den Mitarbeiter auch bei dem nächsten Konflikt auffordern, sein Wissen einzubringen. Bitten Sie ihn um seinen Rat und seine Begleitung.

Neben der Messbarkeit von Zielen ist auf die Eindeutigkeit der Zielformulierung zu achten. Angenommen, ein Ziel lautet: „Die Verkaufszahlen sollen um 10 % gesteigert werden." Zwar ist dieses

Ziel messbar, der Eindeutigkeit halber sollten Sie jedoch auch die Rahmenbedingungen ausformulieren (z. B. in welcher Zeit, in welchem Segment, gegebenenfalls unter welchen Voraussetzungen?). Besser ist also diese Formulierung: „Die Verkaufszahlen sollen bis Ende dieses Geschäftsjahres im Segment XY um 10 % gesteigert werden." Wird ein Ziel unklar formuliert, kann man sich über die Erreichung im wahrsten Sinne des Wortes streiten. Der eigentliche Zweck, nämlich Leistung transparent zu machen, wird unmöglich. Aber warum werden Ziele dennoch so oft unpräzise formuliert?

Manche Führungskraft möchte mit diesem Vorgehen wohl Misserfolge vermeiden. Sie denkt sich: „Damit wir das gesteckte Ziel auf jeden Fall erreichen, sollte ich es so schwammig wie möglich formulieren. Damit kann ich gewährleisten, dass mein Mitarbeiter seine Ziele immer zu hundert Prozent erreicht („... das kriegen wir dann schon gedreht"). Damit motiviere ich meinen Mitarbeiter und auch ich als Führungskraft stehe in einem positiven Licht, weil mein Team die gesetzten Ziele aufgrund meiner hervorragenden Führungsqualitäten immer erreicht. So wird für alle das Leben leichter."

In Wirklichkeit wird die Zusammenarbeit schwieriger. Der Mitarbeiter fragt sich nämlich jedes Jahr aufs Neue, warum überhaupt Ziele vereinbart werden. Er kann seine Leistung nicht einschätzen und erhält weder Anerkennung noch Förderung. Möglicherweise nimmt er sogar an, dass seine Führungskraft kein Vertrauen in seine Fähigkeiten hat. Die Folge ist Demotivation. Aber auch die Führungskraft wird sich nicht lange an der „Ergebniserreichung" freuen. Zum einen hängen auch ihre eigenen Ziele von der Zielerfüllung der Mitarbeiter ab, zum anderen spürt sie recht bald deren Demotivation.

Unkonkrete Zielformulierung	Konkrete Zielformulierung
• Steigerung der Verkaufszahlen	• Steigerung der Verkaufszahlen in der Region West um 10 % bis Jahresende
• Qualitätssteigerung im Recruitingprozess	• Verkürzung des Recruitingprozesses von Bewerbungseingang bis AC-Durchführung von durchschnittlich sechs Wochen auf maximal fünf Wochen
• Steigerung der Personalkapazität	• Einstellung eines Marketingleiters bis 30.09. des Jahres

Soft Skills müssen Unternehmenszielen dienen

Die individuellen Ziele, die im Bereich der Soft Skills formuliert werden, müssen immer mit übergeordneten Gruppen-, Bereichs- und Unternehmenszielen verbunden sein. Damit der Mitarbeiter erkennen kann, welchen Beitrag er leistet und welchen Einfluss er auf das große Ganze hat, müssen ihm die Zielzusammenhänge erklärt werden. Ziele, die im Team, im Bereich und auf Unternehmensebene formuliert werden, sollten immer aufeinander abgestimmt sein. Dies bedeutet auch, dass keine Ziele zu Ungunsten anderer im Team vereinbart werden dürfen. Schließlich ziehen alle am gleichen Strang. Unternehmerisches Denken, Loyalität und Commitment werden so positiv beeinflusst.

Ziele müssen erreichbar sein

Nur realistische Ziele können motivieren. Mit der Formulierung angemessener Ziele tun sich viele Führungskräfte allerdings schwer. Es ist schließlich nicht so leicht zu ermessen, wann ein Ziel anspruchsvoll ist und wann es den Mitarbeiter über- oder unterfordert. In diesem Zusammenhang wird noch einmal deutlich, wie wichtig es ist, dass sowohl die Führungskraft als auch der Mitarbeiter eine Leistungseinschätzung abgeben. Erst wenn beide Seiten ihre Einschätzungen abgeglichen und Vereinbarungen getroffen haben, können realistische, anspruchsvolle Ziele ermittelt werden.
Wir müssen hier noch einmal auf die „Reife" des Mitarbeiters zu sprechen kommen. An reife Mitarbeiter, die über ausgezeichnete Fachkenntnisse verfügen und sehr engagiert sind, können im Allgemeinen höhere Ansprüche gestellt werden als an Mitarbeiter, denen es daran mangelt.

> **Achtung:**
>
> Der Persönlichkeit des Mitarbeiters sollte besondere Beachtung geschenkt werden. Stellen Sie sich vor, Sie entwickeln für einen kompetenten Mitarbeiter anspruchsvolle Ziele, die er aufgrund seiner selbstkritischen Persönlichkeit für unerreichbar hält und schließlich auch nicht erreicht! Sie würden damit seine Motivation zerstören.

Die häufigsten Fehler bei der Zielvereinbarung

Die meisten Fehler werden bei der gemeinsamen Festlegung der Ziele gemacht.

- Ziele sind zu kompliziert (nicht nachvollziehbar).
- Ziele sind zu anspruchsvoll (unrealistisch, nicht angemessen).
- Ziele sind zu einfach zu erreichen (nicht anspruchsvoll).
- Es steht zuviel Zeit zur Erfüllung der Ziele zur Verfügung.
- Es steht zuwenig Zeit zur Verfügung.
- Das Ergebnis ist nicht messbar (nicht nachvollziehbar).
- Der Aufwand für die Messung der Zielerreichung ist zu hoch.

Wie stellen Sie sicher, dass Ziele erreicht werden können?

Als Führungskraft müssen Sie die idealen Rahmenbedingungen für die Zielerreichung schaffen. Der erste Schritt besteht darin, die oben genannten Fehler bei der Zielvereinbarung zu vermeiden. Darüber hinaus müssen Sie während des Prozesses immer wieder Ihre Unterstützung anbieten. Sie sollten über den Stand der Zielerreichung informiert sein, um gegebenenfalls eingreifen zu können.

Es hat sich bewährt, schon während des Zielvereinbarungsgesprächs Termine für Zwischenchecks zu vereinbaren. Bei manchen Unternehmen ist ein so genanntes Zwischengespräch institutionalisiert, bei welchem der Erreichungsgrad je Ziel sowie Fragen und Probleme besprochen werden können. So werden die Zwischenchecks im stressigen Berufsalltag nicht vergessen oder ständig aufgeschoben. Außerdem zeigt die Führungskraft damit, dass sie es mit der Unterstützung ernst meint.

So gehen Sie vor, wenn Ziele angepasst werden müssen

In der Phase zwischen Zielvereinbarung und Überprüfung der Erreichung stellt man manchmal fest, dass ein Ziel angepasst werden sollte. Ursache hierfür ist immer eine unvorhergesehene Veränderung der Voraussetzungen bzw. Rahmenbedingungen. Es kann beispielsweise passieren, dass in schwierigen Zeiten geplante, übergreifende Projekte ausgesetzt werden müssen, um stattdessen an akuten Problemstellungen zu arbeiten. Oder es müssen zeitlich aufwändige, dringende Projekte und Aufgaben vorgezogen werden. Insbesondere in wirtschaftlich angespannten Zeiten, in denen die Personalressourcen immer knapper, die zu erledigende Arbeit jedoch immer mehr wird, müssen Sie mit solchen Zielkonflikten als Führungskraft fertig werden.

Ziele können nicht einfach gestrichen werden

Wie gehen Sie nun vor, wenn Sie festgestellt haben, dass ein Ziel seine Gültigkeit verloren hat? Zunächst einmal müssen Sie den Mitarbeiter darüber informieren, dass und warum es zu einem Zielkonflikt gekommen ist, und ihn bitten, nicht weiter an der Zielerreichung zu arbeiten. Es ist sinnvoll, einen Gesprächstermin zu vereinbaren, in welchem Sie in Ruhe über die veränderte Zielsetzung sprechen können. In einem nächsten Schritt gilt es zu überlegen, ob und wie eine Anpassung vorgenommen werden kann. Insbesondere, wenn die Zielerreichung auch mit einer Zusatzvergütung für den Mitarbeiter verbunden ist, kann das Ziel nicht einfach ersatzlos gestrichen werden. Die Führungskraft muss erst einmal feststellen, wie weit der Erreichungsgrad des Zieles schon fortgeschritten ist. Im gemeinsamen Gespräch wird festgehalten, wie hoch der Zielerreichungsgrad zu diesem Zeitpunkt ist und wie dies vergütet werden kann. Erst dann sollte, abhängig davon, wie viel Zeit noch bis zum festgelegten Zielerreichungsgespräch verbleibt, ein Ersatzziel vereinbart werden.

> **Achtung:**
> Die Anpassung eines Zieles muss immer eine Ausnahme bleiben. Daher sollte auch schon bei der Zielvereinbarung darauf geachtet werden, dass Ziele festgelegt werden, deren Voraussetzungen sich aller Wahrscheinlichkeit nach im Erfüllungszeitraum nicht mehr verändern.

Darüber sollten Sie nachdenken

- Machen Sie sich eine Liste mit den verschiedenen Soft Skills und versuchen Sie Ihre Mitarbeiter auf einer Skala von 1 = Soft Skill nicht vorhanden bis 10 = perfekt ausgeprägt zu beurteilen. Stellen Sie dieser Bewertung Ihre Erwartungen entgegen. Welche Bereiche stellen für Sie wichtige Entwicklungspotenziale dar?

Überlegen Sie sich, wie Sie den einzelnen Mitarbeitern diese Ziele nahe bringen können. Mithilfe welcher Maßnahmen kann der Mitarbeiter die gewünschte Qualität erreichen? Welchen Zeitrahmen planen Sie dafür ein? Welche Möglichkeiten haben Sie, den Grad der Zielerreichung zu überprüfen?

- Welche Maßnahmen setzen Sie zur Verbesserung eines Soft Skills ein? Inwieweit setzen Sie unterschiedliche Maßnahmen ein? Inwieweit passen Sie Maßnahmen an Mitarbeiter an? Warum/Warum nicht?
- Welche Vorteile haben Sie, das Unternehmen und der Mitarbeiter durch den Einsatz von Zielvereinbarungsgesprächen? An welche Grenzen stoßen diese Gespräche?

6.4 Das Konflikt- bzw. Kritikgespräch

Das Konflikt- bzw. Kritikgespräch stellt ebenfalls eine spezielle Form des Mitarbeitergesprächs dar. Dabei geht es darum, das Fehlverhalten von Mitarbeitern anzusprechen und ihnen Hilfestellung zu geben, um das „richtige" Verhalten zu erkennen und zu entwickeln. Eine solche Interaktion und Kommunikation erzeugt bei den Mitarbeitern oftmals Ängste oder Frustrationen und verlangt besondere Vorbereitung und Sensibilität. Für den Erfolg des Unternehmens und des Mitarbeiters ist es aber nun einmal wichtig, dass negative Punkte und Verhaltensweisen angesprochen werden. Nur so kann eine Eskalation verhindert und eine Verbesserung der Situation erreicht werden.

Soft Skills im Konflikt- bzw. Kritikgespräch

Soft Skills, die Sie in solchen Gesprächen benötigen, sind vor allem Kritik- und Konfliktfähigkeit sowie Einfühlungsvermögen. Sie möchten erreichen, dass der Mitarbeiter sein Verhalten ändert, dazu müssen Sie ihn für sein Fehlverhalten sensibilisieren. Das geht nicht ohne Fingerspitzengefühl. Im Anschluss an das Kritikgespräch soll der Mitarbeiter schließlich in der Lage sein, das „richtige" Verhalten zu erkennen und zu entwickeln. Als Führungskraft sind Sie dafür verantwortlich, Ihrem Mitarbeiter Hilfestellung zu geben und ihn anzuleiten. Achten Sie darauf, dass Sie dem Mitarbeiter Ihre Sicht klar und deutlich darlegen und ihm die Konsequenzen seines Verhaltens aufzeigen. Statt ihn persönlich anzugreifen („Sie sind einfach unkollegial!") oder sein Verhalten allgemein zu kritisieren („Ihr Verhalten ist wirklich untragbar!"), sollten Sie so anschaulich und konkret wie möglich argumentieren. Schildern Sie auch die Konsequenzen, die das Verhalten des Mitarbeiters hat.

Dialog-Beispiel:

„Herr Schneid, mir fällt auf, dass Sie viele Arbeiten delegieren wollen, die eigentlich in Ihren Zuständigkeitsbereich fallen. Damit verärgern Sie die Mitarbeiter, was zu einem schlechten Klima in unserer Abteilung führt. Ich bitte Sie daher, ab jetzt alle Ihnen zugeordneten Arbeiten selbst zu erledigen."

Wann findet ein Kritikgespräch statt?

Wenn Sie am Verhalten eines Mitarbeiters Kritik üben möchten, sollten Sie sich zuvor einige Fragen stellen, denn nicht in allen Fällen ist ein Kritikgespräch, auch bei Fehlverhalten, eine angemessene Reaktion. Zunächst einmal ist es wichtig zu klären, ob der Mitarbeiter in dem betreffenden Fall überhaupt wissen konnte, welches das „richtige" Verhalten gewesen wäre. Wenn Mitarbeiter beispielsweise gefordert sind, sich in neuen und unbekannten Situationen zurechtzufinden, zeigen sie oft aus einer gewissen Unsicherheit heraus negative Verhaltsweisen oder treffen falsche Entscheidungen. Es ist wichtig, dass Sie Ihre Mitarbeiter beobachten und einschätzen können, unter welchen Umständen sich ein Fehlverhalten einstellt bzw. häuft. Damit sind Sie in der Lage, präventiv Maßnahmen zu ergreifen und den Mitarbeiter zu unterstützen.

Darüber hinaus stellt sich die Frage, ob der Mitarbeiter das Verhalten wiederholt gezeigt hat. Vielleicht handelte es sich um ein einmaliges Fehlverhalten, dann wäre es nicht angebracht, diesen Punkt ständig zu thematisieren. Gegen eine Erwähnung in einem der regelmäßig stattfindenden Mitarbeitergespräche spricht nichts. Sie sollten aber deswegen kein Kritikgespräch einberufen, dies würde sich eher kontraproduktiv auf die Leistung des Mitarbeiters auswir-

ken. Dadurch wird möglicherweise eine Nullfehler-Kultur vermittelt, die den Mitarbeiter in der Ausübung seiner weiteren Tätigkeit hemmt und gesunde Kreativität verhindert.
Sie sollten sich über die Bedeutung des Fehlverhaltens im Klaren sein. Sind dadurch andere Personen zu Schaden gekommen oder resultieren daraus gravierende Einbußen für das Unternehmensergebnis, dann reicht auch ein einmaliges Ereignis, um ein solches Gespräch zu führen. In einem solchen Fall wäre es fahrlässig abzuwarten, ob der Mitarbeiter eigenständig aus seinem Fehler lernt.
Insgesamt wird deutlich, dass die Entscheidung, wann ein Kritikgespräch angemessen ist, von vielen Faktoren abhängig ist.

Ein Kritikgespräch braucht klare Ziele

Der Mitarbeiter muss sein Fehlverhalten verstehen und er soll das richtige Verhalten erkennen und entwickeln. Um diese Ziele zu vermitteln, müssen Sie sich intensiv mit der Thematik und dem Mitarbeiter auseinandersetzen.

- Was könnte dazu geführt haben, dass der Mitarbeiter ein „falsches“ Verhalten gezeigt hat?
- Wie sieht sein bisheriger Entwicklungsverlauf aus?
- Welche Stärken und Schwächen hat er?
- Welches Verhältnis haben Sie zu diesem Mitarbeiter? Welche „Sprache“ spricht er?
- Welche Konsequenzen hatte das gezeigte Verhalten? Für wen hatte es Konsequenzen?

Wie beim Zielvereinbarungsgespräch sind Sie auch hier gefordert, klare Ziele aufzustellen. Dabei sollten Sie realistisch vorgehen und versuchen, das gewünschte Verhalten verständlich zu definieren und überprüfbar zu machen.

So laufen Kritikgespräche ab

Es ist wichtig, dass Kritik immer zeitnah und unter vier Augen geäußert wird. Es bringt nichts, wenn Sie solche Gespräche auf die lange Bank schieben oder warten, bis Sie drei Kritikpunkte zusammen haben. Versuchen Sie so früh wie möglich zu intervenieren. Machen

Sie sich klar: Auch wenn der Mitarbeiter nicht gerade erfreut sein wird, hat er nun die Chance, sein Verhalten zu ändern. Ohne Rückmeldung würde diese Entwicklung nicht oder nicht so schnell stattfinden. Im Rahmen von Kritikgesprächen geht es darum, dass beide Seiten ihre Sicht des Problems schildern und damit zur Problemlösung beitragen:

- Verlangen Sie eine Stellungnahme des Mitarbeiters und beschreiben Sie dann Ihre Sicht der Dinge inklusive der damit verbundenen Konsequenzen.
- Versuchen Sie weder zu hart noch zu weich zu sein und machen Sie dem Mitarbeiter den Ernst der Lage klar. Mitleid oder Angst vor emotionalen Reaktionen sind fehl am Platz.
- Sprechen Sie mögliche Unklarheiten an und stellen Sie klare Forderungen. Treffen Sie eine feste Vereinbarung, die entsprechende Maßnahmen und Änderungen beinhaltet.
- Machen Sie dem Mitarbeiter bewusst, dass Sie die Einhaltung und den Erfolg der Vereinbarungen kontrollieren werden.
- Fassen Sie die Ergebnisse des Gesprächs zusammen und vereinbaren Sie ein Folgegespräch. Sollten in der Zwischenzeit Abweichungen von den Vereinbarungen auftreten, sind Sie gefordert, sofort einzugreifen.

Wie Mitarbeiter bei Kritik reagieren

Kritik aufgeschlossen entgegen zu nehmen, ist eine Fähigkeit, die vielen Menschen fehlt. Es kann sein, dass Sie bei Kritikgesprächen immer wieder folgende Reaktionen erleben:

So könnte Ihr Mitarbeiter bei Kritikgesprächen reagieren	
Rechtfertigung	Mitarbeiter: *„Das wusste ich nicht."* Sie: *„Deshalb sprechen wir ja darüber ..."* Oder: Mitarbeiter: *„Das habe ich doch nur gemacht, weil ..."* Sie: *„Darum geht es mir jetzt gar nicht. Ich will Ihnen vielmehr die Konsequenzen Ihres Handelns erläutern ..."*
Gegenangriffe	Mitarbeiter: *„Sie haben doch selbst ..."* Sie: *„Lassen Sie uns bitte noch einmal zum Thema zurückkommen ..."*

Lob erbitten	Mitarbeiter: *„Aber das habe ich doch gut gemacht?!“* Sie: *„In diesem Fall ist es anders ...“*
Kalt stellen	Mitarbeiter: *„Ja, ja, ist schon klar.“* Sie: *„Wenn alles klar wäre, dann hätten wir dieses Problem ja gar nicht. Lassen Sie es mich noch einmal erklären ...“* Oder: Mitarbeiter: *„Ist mir doch egal.* Sie: *„Es sollte Ihnen aber nicht egal sein, wie wir hier zusammenarbeiten. Wir sind doch alle darauf angewiesen, dass wir miteinander gut kommunizieren ...“*
Weinen	Sie: *„Ich verstehe Ihre Gefühle. Lassen Sie uns die Angelegenheit doch besser sachlich und ruhig klären, dann bekommen wir eine Lösung, die Ihnen und uns allen weiterhilft.“*
Schuld leugnen	Mitarbeiter: *„Ich war das nicht.“* Sie: *„Es geht hier nicht um Schuldzuweisungen. Es geht darum, Sie auf Ihr Verhalten aufmerksam zu machen, denn nur dann können Sie daran etwas ändern ...“*

Wenn das Gespräch eskaliert

Wenn das Gespräch zu eskalieren droht, haben Sie folgende Möglichkeiten, es zu versachlichen:

So vermeiden Sie die Eskalation eines Mitarbeitergesprächs	
Konfrontieren Sie den Mitarbeiter mit seinem destruktiven Verhalten.	*„Ich finde, dass Sie jetzt eine vorwurfsvolle Haltung einnehmen. Aber das bringt uns nicht weiter.“*
Verbalisieren Sie seine Gefühlen und Wahrnehmungen.	*„Diese Aussage hat Sie offenbar ziemlich getroffen.“*
Zeigen Sie ihm die Konsequenzen seines Diskussionsstils auf.	*„Angenommen, wir diskutieren so weiter. Wie wird das Ihrer Meinung nach enden?“*
Fragen Sie nach seinen Gefühlen und Bedürfnissen.	*„Wie geht es Ihnen jetzt?“ – „Was möchten Sie?“*

Tipps für Kritikgespräche

- Starten Sie nicht mit einem emotionalen Angriff.
- Setzen Sie Lob gezielt ein.
- Lassen Sie sich nicht vom Thema abbringen.
- Formulieren Sie Ihre Sätze klar und unmissverständlich.
- Lassen Sie den Mitarbeiter Vorschläge für Veränderungen machen.
- Treffen Sie feste Vereinbarungen mit Termin.
- Planen Sie Kontrollen.
- Sanktionieren Sie Ergebnisse.

Darüber sollten Sie nachdenken

- Wann führen Sie Kritik- bzw. Konfliktgespräche? Was sind die Auslöser? Wodurch werden Sie auf kritische Situationen aufmerksam?
- Wie bereiten Sie sich auf solche Gespräche vor? Welche Verbesserungsmöglichkeiten sehen Sie?
- Inwieweit unterscheiden sich Kritik- und Konfliktgespräche mit fachlichem Inhalt von solchen, bei denen Soft Skills thematisiert werden müssen? Welche Unterschiede konnten Sie während der Vorbereitung, Durchführung und Nachbereitung feststellen?
- Auf welche Schwierigkeiten sind Sie bei solchen Gesprächen bisher gestoßen? Mit welchen Reaktionen Ihrer Mitarbeiter konnten Sie schwer umgehen?
- Wie hat sich das Verhältnis zu Ihren Mitarbeitern nach solchen Gesprächen verändert?

6.5 Das Kundengespräch

In Kundengesprächen steht zwar die ökonomische Beziehung im Vordergrund, aber mit Fakten, Zahlen und Produktvorteilen allein lassen sich Käufer nicht überzeugen. Ebenso wichtig sind Einfühlungsvermögen, Verhandlungsgeschick und Kommunikationsstärke.

Soft Skills im Kundengespräch

In Kundengesprächen müssen Sie Ihre unterschiedlichen Soft Skills zielorientiert einsetzen können. Sie sollten über ein hohes Maß an Kontaktfähigkeit sowie Überzeugungskraft verfügen und in der Lage sein, den Kunden oder Verhandlungspartner bedürfnisorientiert anzusprechen. Fragen Sie sich also:

- Welches Problem bzw. welches Ziel hat der Kunde?
- Welche Absichten/Pläne hat er?
- Was kann ich ihm anbieten, um sein Problem zu lösen oder sein Ziel zu erreichen?

Bereiten Sie sich vor. Versetzen Sie sich in die Lage des Kunden und argumentieren Sie aus seiner Perspektive heraus.

Was will der Kunde?

Kundenorientierung richtet sich nach den Bedürfnissen und Bedarfen des Kunden. Sie müssen herausfinden, welcher Nutzen dem Kunden entsteht, wenn er Ihre Produkte oder Dienstleistungen erwirbt. Dazu benötigen Sie neben den Soft Skills Einfühlungsvermögen und Überzeugungskraft auch Verhandlungsgeschick. Als erstes machen Sie sich Gedanken darüber, welche Punkte wesentlich für den Kunden und damit für das Gespräch sind.

Welche Punkte sind wesentlich für den Kunden?	
Wertschöpfung	Wie kann der Kunde durch das Produkt oder die Dienstleistung Geld und Zeit sparen?
Sicherheit	Wie kann das Produkt die Gesundheit und Lebensgrundlage des Kunden verbessern? Welche Sicherheit kann der Kunde durch das Produkt erlangen? Welche Unannehmlichkeiten fallen dank des Produktes weg?
Komfort	Warum kann sich der Kunde durch das Produkt oder die Dienstleistung wohler fühlen? Wie kann das Produkt sein Leben schöner und bequemer machen?
Ansehen	Bei welcher „Gruppe" ist man mit dem Produkt angesagt? Wieso ist das Produkt „in"?
Freude	Welchen Spaß verspricht das Produkt?

Phasen des Kundengesprächs

Das Kundengespräch lässt sich in unterschiedliche Phasen einteilen, auf die Sie sich gut vorbereiten müssen:

1. **Vorbereitung**: In dieser Phase definieren Sie Ihre Zielstellung. Was wollen Sie erreichen?
2. **Aufwärmphase**: Ziel dieser Phase ist es, eine positive Beziehung zu dem Kunden herzustellen.
3. **Informationsphase**: Jetzt stellen Sie fest, welche Bedürfnisse der Kunde hat. Was sind seine Ziele, Wünsche und Motive?
4. **Bedarfsweckung**: Nun verdeutlichen Sie dem Kunden die Diskrepanz zwischen Ist- und Sollzustand.
5. **Vorschlag/Lösung**: Anschließend legen Sie die Vorteile und den Nutzen der Kaufentscheidung dar.
6. **Einwände**: Finden Sie heraus, was dahinter steckt. Welche Bedeutung haben die Einwände des Kunden? Versuchen Sie, eine gemeinsame Lösung zu erarbeiten.
7. **Abschluss**: In dieser Phase fällt die Entscheidung. Verabschieden Sie den Kunden freundlich und bestärken Sie ihn in dem Gefühl, sich richtig entschieden zu haben.

Darüber sollten Sie nachdenken

- In welchen Situationen führen Sie Kundengespräche? Wer sind Ihre internen und externen Kunden?
- Wie differenzieren Sie zwischen ihnen? Welches Vorgehen eignet sich für welchen Kunden?
- Wie erkennen Sie die Wünsche und Bedürfnisse Ihrer Kunden? Haben Sie weitere Möglichkeiten, dies herauszufinden?
- Welche Bedeutung/welchen Stellenwert besitzen Kundengespräche in Ihrem beruflichen Umfeld? Wie äußert sich das?
- Wie gestalten Sie Kundengespräche? Welchen Ablauf wählen Sie? Wie flexibel reagieren Sie auf Einwände des Kunden? Welche positiven und negativen Erfahrungen haben Sie bisher mit Kundengesprächen gemacht?
- Wo liegen Ihrer Meinung nach die Unterschiede zwischen erfolgreichen und erfolglosen Kundengesprächen? Welche Möglichkeiten sehen Sie, Kundengespräche noch erfolgreicher durchzuführen?

7 Ihr individuelles Trainingsprogramm

Mit den Trainingseinheiten und Formularen in diesem Kapitel können Sie sich Ihr individuelles Soft-Skill-Training zusammenstellen. Wichtig ist, dass Sie die Trainingseinheiten und die Punkte in den Formularen ehrlich und ernsthaft bearbeiten. Überlegen Sie, welche Eigenschaften bei Ihnen aktuell charakteristisch für den jeweiligen Soft Skill sind und an welche Eigenschaften Sie in Zukunft arbeiten möchten. Entscheidend ist, dass Sie sich auch konkrete Maßnahmen oder Möglichkeiten überlegen, wie Sie Ihre eigenen Ziele regelmäßig überprüfen können.

Checkliste: Ihr individuelles Soft-Skill-Training	✓
• Machen Sie sich eine Liste mit den für Sie wichtigen Soft Skills. • Warum sind diese Soft Skills für Sie wichtig? • In welchen Situationen sind Sie notwendig?	
• Welche Eigenschaften haben die jeweiligen Soft Skills? • Wie werden diese sichtbar? • Versuchen Sie diese Aussagen soweit wie möglich zu konkretisieren. Stellen Sie sich einfach vor, Sie müssten einem kleinen Kind erklären, was dieser Soft Skill zu bedeuten hat.	
• Wann erkennen Sie, ob dieser Soft Skill vorhanden ist? • In welchen Situationen zeigt er sich?	
• Bei welcher Person aus Ihrem Umfeld ist dieser Softskill besonders ausgeprägt? • Warum? • In welchen Situationen konnten Sie das feststellen? • Welche Unterschiede sehen Sie zwischen sich und dieser Person in Hinblick auf die Ausprägung des Soft Skills? • Wo sehen Sie Anknüpfungspunkte, um sich zu verbessern?	
• Wie kann man die einzelnen Soft Skills messbar machen?	
• Versuchen Sie für sich Kriterien zu finden, anhand derer Sie feststellen können, ob und wie sich Ihre Fähigkeiten in Hinblick auf den jeweiligen Softskill verändert haben. • Diese Kriterien können Sie permanent erweitern!	
• Geben Sie konkrete Zeiten vor, an den Sie die jeweiligen Soft Skills überprüfen (1 Monat, 3 Monate, 6 Monate etc.) und legen Sie fest, welche Fortschritte Sie bis zu diesem Zeitpunkt erwarten. • Darüber hinaus beschreiben Sie, woran Sie diese Fortschritte erkennen und bewerten können.	
• Belohnen Sie sich für Erfolge – vor allem für ehrliche und positive Rückmeldungen aus Ihrer Umwelt!	

7.1 Durchsetzungsvermögen

Trainingseinheit 1: Durchsetzungsvermögen
• Listen Sie Ihre kurz-, mittel und langfristigen Ziele auf und versuchen Sie, diese genauer zu spezifizieren. • Warum möchten Sie diese Ziele erreichen? • Wie gehen Sie vor? • Wie überprüfen Sie, wie weit Sie im Hinblick auf die Zielerreichung sind? • Welche Konsequenzen haben die Ziele für Ihr zukünftiges Handeln? • Was müssen Sie verändern?
• Setzen Sie sich ein bestimmtes Ziel und versuchen Sie, es zu erreichen. Dabei muss es sich nicht um ein berufliches Ziel handeln. Wenn Sie beispielsweise abends mit Freunden unterwegs sind und es verschiedene Möglichkeiten gibt, den Abend zu gestalten, machen Sie einen Vorschlag und setzen Sie ihn durch. • Nennen Sie Vorteile Ihres Vorschlags. • Zeigen Sie Beharrungsvermögen.
• Suchen Sie gezielt nach Situationen, in denen Sie Ihre Durchsetzungsfähigkeit trainieren können. Beginnen Sie ruhig mit Dingen, bei denen es um nichts geht: ob dieser oder jener Besprechungsraum genutzt oder dieses oder jenes Restaurant zum Mittagessen aufgesucht werden soll. • Reflektieren Sie Ihr Handeln und Ihre Strategie und nutzen Sie die Chance, sich permanent zu verbessern.

Aktueller Stand

Positive Eigenschaften:

____

____

Negative Eigenschaften:

____

____

Gewünschter Stand

Kurzfristig:

____

____

Mittelfristig:

____

____

Langfristig:

____

____

Mit diesen Übungen und Maßnahmen erreiche ich das Gewünschte

____

____

____

____

____

____

7.2 Einfühlungsvermögen

Trainingseinheit 2: Einfühlungsvermögen
• Suchen Sie Gelegenheiten, in denen Sie Ihr Einfühlungsvermögen unter Beweis stellen können, im Berufs- oder im Privatleben. • Versuchen Sie, Menschen zu verstehen, ihre Motive und Ziele zu begreifen und aus ihrer Perspektive heraus zu denken.
• Gibt es Personen in Ihrem Unternehmen, über die Sie schon lange Ihr Urteil gefällt haben? („Herr Müller sieht nie das große Ganze, nur die Details.") • Wird Ihr Urteil diesem Menschen gerecht? • Welche Gründe könnte es haben, dass er so auf Sie wirkt? • Könnten Sie einen anderen Eindruck von diesem Menschen bekommen, wenn Sie zum Beispiel etwas an seiner Arbeitssituation oder seinen Aufgaben ändern?
• Bekommen Sie ein Gefühl für Ihre nonverbale Sprache. • Versuchen Sie sich bewusst in unterschiedliche Stimmungen hineinzuversetzen und beobachten Sie sich selbst: Ihre Mimik, Gestik, Körperhaltung. • Wie verändern Sie sich dabei?

Aktueller Stand

Positive Eigenschaften:

____

____

Negative Eigenschaften:

____

____

Gewünschter Stand

Kurzfristig:

____

____

Mittelfristig:

____

____

Langfristig:

____

____

Mit diesen Übungen und Maßnahmen erreiche ich das Gewünschte

____

____

____

____

____

____

7.3 Integrationsfähigkeit

Trainingseinheit 3: Integrationsfähigkeit
• Suchen Sie sich eine neue Gruppe, der Sie beitreten möchten. Dabei kann es sich sowohl um eine Freizeitgruppe als auch um eine berufliche Arbeitsgruppe handeln. • Wie schaffen Sie es, als vollwertiges Mitglied anerkannt zu werden?
• Beobachten Sie Ihr Umfeld und versuchen Sie eine Person zu finden, die noch nicht vollständig in Ihre Gruppe integriert ist. • Woran erkennen Sie das? • Wie unterstützen Sie diese Person so, dass sie vollständig integriert wird? • Welche Möglichkeiten haben Sie?
• Welches Problem versuchen Sie schon seit langer Zeit erfolglos zu lösen? • Welche Ansätze haben Sie diesbezüglich bisher gewählt? • Mit wem haben Sie sich über dieses Problem ausgetauscht? • Welche Perspektiven haben Sie bisher berücksichtigt und welche haben Sie außer Acht gelassen?
• Wissen Sie eigentlich, über welche Stärken und Potenziale Ihre Mitarbeiter und Kollegen verfügen? • Wen können Sie zu spezifischen Fragestellungen ansprechen? • Wer stellt eine Bereicherung für eine Arbeitsgruppe bzw. ein Team dar? • Mit welchen Schwierigkeiten müssen Sie bei der Zusammenarbeit bzw. der Integration in der Gruppe rechnen?
• Versuchen Sie Ihre Perspektive zu erweitern, indem Sie Dinge und Menschen aus einem anderen Blickwinkel betrachten. • Bleiben Sie beweglich, was Ihre Gedanken und Strategien angeht. • Haben Sie diese Fähigkeit gut ausgebildet, sind Sie in der Lage, „den anderen in seinem Anderssein zu bewundern" (Martin Buber).

Aktueller Stand

Positive Eigenschaften:

Negative Eigenschaften:

Gewünschter Stand

Kurzfristig:

Mittelfristig:

Langfristig:

Mit diesen Übungen und Maßnahmen erreiche ich das Gewünschte

7.4 Konfliktfähigkeit

Trainingseinheit 4: Konfliktfähigkeit
• Überlegen Sie sich unterschiedliche Strategien, wie Sie Konflikte ansprechen können. • Differenzieren Sie danach, ob es sich um persönliche oder sachliche Konflikte handelt und in welcher Beziehung Sie zu der anderen Konfliktpartei stehen.
• Nutzen Sie die Möglichkeit, bei Konflikten als Schlichter aufzutreten. • Sie haben dabei die Chance, Konflikte aus verschiedenen Perspektiven zu erleben. Dadurch werden Sie für unterschiedliche Sichtweisen sensibilisiert und können sich bei eigenen Konflikten besser in die Gegenpartei hineinversetzen. Natürlich ist dies eine verantwortungsvolle Aufgabe. • Schätzen Sie Ihre Fähigkeiten realistisch ein und versuchen Sie erst einmal, bei kleinen Konflikten unterstützend eingreifen. Voraussetzung ist natürlich, dass die Parteien Ihre Hilfe auch annehmen wollen.

Aktueller Stand	**Positive Eigenschaften:**
	______________________________
	______________________________
	Negative Eigenschaften:
	______________________________
	______________________________
Gewünschter Stand	**Kurzfristig:**
	______________________________
	______________________________
	Mittelfristig:
	______________________________
	______________________________
	Langfristig:
	______________________________
	______________________________
Mit diesen Übungen und Maßnahmen erreiche ich das Gewünschte	______________________________
	______________________________
	______________________________
	______________________________
	______________________________
	______________________________

7.5 Kritikfähigkeit

Trainingseinheit 5: Kritikfähigkeit
• Bitten Sie in unterschiedlichen Situationen um Feedback und nutzen Sie die Chance, Ihr Selbstbild mit Ihrem Fremdbild abzugleichen.
• Vergleichen Sie einmal das Feedback, das Sie im Privatleben von Ihrem Partner, Ihren Verwandten oder Freunden bekommen mit dem Feedback, das Sie im Berufsleben erhalten. • Gibt es Überschneidungen zwischen den Rückmeldungen? • Welche Punkte sind eher widersprüchlich? • Wie erklären Sie sich das?
• Versuchen Sie anderen Menschen Feedback zu geben. Oftmals ist es viel schwieriger, konstruktiv Feedback zu äußern, als zu erhalten. • Nutzen Sie die Chance und geben Sie in unterschiedlichen Situationen Rückmeldung darüber, was Sie wahrgenommen haben. Sie werden sehen, dass es Ihnen mit der Zeit immer leichter fällt.
• Machen Sie sich Notizen über kritische Punkte, die Ihnen genannt wurden und reflektieren Sie diese nach einer gewissen Zeit erneut. • Sind Sie wieder in alte Muster verfallen oder haben Sie Ihr Verhalten langfristig ändern können?

Aktueller Stand

Positive Eigenschaften:

Negative Eigenschaften:

Gewünschter Stand

Kurzfristig:

Mittelfristig:

Langfristig:

Mit diesen Übungen und Maßnahmen erreiche ich das Gewünschte

7.6 Networking

Trainingseinheit 6: Networking
• Überlegen Sie sich einige Varianten, wie Sie einen Small Talk mit fremden Personen beginnen können.
• Finden Sie Ihre eigene Art der Vorstellung für verschiedene Anlässe. Denken Sie darüber nach, wie Sie es schaffen, langfristig bei Ihrem Gesprächspartner im Gedächtnis zu bleiben.
• Nutzen Sie die Chance, Kontakte zu knüpfen und Ihre Kontaktfähigkeit zu trainieren. Nehmen Sie sich vor, in verschiedenen Situationen fremde Menschen anzusprechen und mit Ihnen in Kontakt zu kommen. Dafür bieten sich unendlich viele Möglichkeiten: im Café, auf einer Party, auf Veranstaltungen, in der Flughafenlobby. Welche Schwierigkeiten haben Sie? Wo und wann fühlen Sie sich gut? Welches Vorgehen bewährt sich?
• Systematisieren Sie Ihre Kontakte. Legen Sie sich einen Ordner mit den vorhandenen Kontakten an. Denken Sie intensiv darüber nach, über welche Kontakte Sie bereits verfügen und möglicherweise als solche nicht wahrnehmen • Listen Sie alle diese Kontakte systematisch auf. Notieren Sie sich, woher Sie denjenigen kennen, was Sie mit ihm verbinden, welchen Erfahrungshintergrund er besitzt und welche gemeinsamen Bekannten Sie haben.
• Gliedern Sie neue Kontakte systematisch in die Liste ein. Wann haben Sie diese Person kennen gelernt? Was war der Anlass? Haben Sie gemeinsame Bekannte? Wurden Sie vorgestellt? Wenn ja, von wem? Worüber haben Sie sich unterhalten? Was sind mögliche berufliche oder persönliche Gemeinsamkeiten? Was macht der Kontakt beruflich? Haben Sie irgendwelche Vereinbarungen getroffen?
• Überlegen Sie, wie Sie Ihr Netzwerk aktiv erhalten können. In welchen Abständen melden Sie sich bei Ihren Kontakten? Lassen Sie Ihren Kontakten auch ungefragt für sie wichtige oder interessante Informationen zukommen? Kennen Sie die wichtigsten Daten Ihrer Kontaktpersonen? Kleine Aufmerksamkeiten erhalten nicht nur die Freundschaft, sondern auch das Netzwerk. Verinnerlichen Sie diesen Gedanken und betreiben Sie eine aktive Netzwerkpflege.

Aktueller Stand	Positive Eigenschaften: __________ __________ Negative Eigenschaften: __________ __________
Gewünschter Stand	Kurzfristig: __________ __________ Mittelfristig: __________ __________ Langfristig: __________ __________
Mit diesen Übungen und Maßnahmen erreiche ich das Gewünschte	__________ __________ __________ __________ __________ __________

7.7 Teamfähigkeit

Trainingseinheit 7: Teamfähigkeit
• Suchen Sie Möglichkeiten, in Teams zu arbeiten und Ihre Teamfähigkeit aktiv zu verbessern. • Nutzen Sie dabei die Chance, unterschiedliche Rollen einzunehmen und Ihre Perspektive zu erweitern.
• Beobachten Sie andere Teams bei der Zusammenarbeit. • Achten Sie insbesondere auch auf nonverbale Signale. • Wie wirkt das Team auf Sie? • Was fällt Ihnen auf? • Wer übernimmt welche Rolle? • Welche Schwierigkeiten zeigen sich? • Sprechen Sie mit Teammitgliedern darüber, wie Sie die Teamarbeit empfinden und gleichen Sie Ihren Eindruck mit deren Aussagen ab.

Aktueller Stand

Positive Eigenschaften:

____

____

Negative Eigenschaften:

____

____

Gewünschter Stand

Kurzfristig:

____

____

Mittelfristig:

____

____

Langfristig:

____

____

Mit diesen Übungen und Maßnahmen erreiche ich das Gewünschte

____

____

____

____

____

____

7.8 Überzeugungskraft

Trainingseinheit 8: Überzeugungskraft
• Suchen Sie sich ein kontroverses Thema und versuchen Sie, Personen, die anderer Meinung als Sie sind, von Ihrem Standpunkt zu überzeugen.
• Überlegen Sie, wie Sie unterschiedliche Zielgruppen emotional packen können. • Wie können Sie überprüfen, ob Ihre Idee beim Zuhörer auch gut ankommt? • Wie schaffen Sie es bei unterschiedlichen Personen, Interesse für ein Thema zu wecken? • Machen Sie sich bewusst, dass es ganz entscheidend ist, dass Sie Ihre Zuhörer nicht nur kognitiv, sondern auch emotional ansprechen müssen!

Aktueller Stand	Positive Eigenschaften: __________ __________ Negative Eigenschaften: __________ __________
Gewünschter Stand	Kurzfristig: __________ __________ Mittelfristig: __________ __________ Langfristig: __________ __________
Mit diesen Übungen und Maßnahmen erreiche ich das Gewünschte	__________ __________ __________ __________ __________ __________

7.9 Verhandlungsgeschick

Trainingseinheit 9: Verhandlungsgeschick
• Suchen Sie sich Situationen, in denen Sie Ihr Verhandlungsgeschick trainieren können. • Verhandeln Sie beim nächsten Möbelkauf mit dem Verkäufer über den Preis. • Wählen Sie unterschiedliche Strategien und achten Sie auf die Reaktionen.
• Machen Sie sich Situationen in Ihrem beruflichen Umfeld bewusst, in denen Sie gefordert sind zu verhandeln. Dabei muss es sich nicht um klassische Verhandlungssituationen mit Kunden handeln. Viele Gespräche mit Vorgesetzten, Mitarbeitern und Kollegen sind im Grunde auch Verhandlungssituationen. Beide Seiten tragen Ihre Argumente vor und versuchen Ihre Ziele durchzusetzen. Machen Sie sich das bewusst und bereiten Sie sich vor.

Aktueller Stand	**Positive Eigenschaften:**
	Negative Eigenschaften:
Gewünschter Stand	**Kurzfristig:**
	Mittelfristig:
	Langfristig:
Mit diesen Übungen und Maßnahmen erreiche ich das Gewünschte	

Nachwort

Es bedarf heutzutage keiner erschöpfenden Diskussion mehr, um widerspruchsfrei konstatieren zu können, dass überfachliche Fähigkeiten – abhängig vom jeweiligen Job-Profil – im Wesentlichen für den beruflichen Erfolg verantwortlich sind. Sowohl Schauspieler auf den Bühnen internationaler Top-Politik als auch erfolgreiche Wirtschaftslenker, die über Nacht die Branche wechseln, demonstrieren, dass Daniel Goleman mit seiner Aussage, dass Erfolg nämlich nur zu 20 Prozent auf die klassische Intelligenz (IQ) zurückzuführen sei, zu 80 Prozent aber auf die Emotionale Intelligenz (EQ), in die richtige Richtung zielt.

Die „weichen Faktoren“ sind dem Nebel esoterischer Wochenendseminare entkommen, denn es wird deutlich, dass sie mit zunehmender Hierarchiestufe (im Verhältnis zu methodischen und fachlichen Kompetenzen) substanzieller werden für das Erreichen außerordentlicher Ergebnisse. Die Brücke zwischen Soft Skills und harten Ergebnisfaktoren ist geschlagen. Unternehmen investieren jährlich bemerkenswerte Beträge, um interne und externe Kandidaten auf ihre sozialen Kompetenzen durch Assessment Center oder Management Audits analysieren zu lassen – den Return of Investment (ROI) immer fest im Blick.

Umso bemerkenswerter ist die Tatsache, dass die offiziellen Bildungsinstitutionen bei der Entwicklung des Führungsnachwuchses den Ausbau dieses Fähigkeitsspektrums fast ausschließlich freien Bildungsanbietern, professionellen Coaches – oder der Fachliteratur – überlassen. Der Markt ist groß – zurecht: die Aneignung fachlicher Kompetenzen gleicht bisweilen dem Hinterhereilen des Unerreichbaren. Grund ist die abnehmende Halbwertzeit des Wissens. Hingegen sind Soft Skills überdauend. Wer sie einmal erlernt und erweitert hat, kann sie heute und auch künftig nutzen. Seit Generationen sind die menschlichen Vorstellungen einer zielführenden Kommunikation ähnlich geblieben, lassen sich höchstens von Strömungen

des Zeitgeistes marginal tangieren. Ein ausbalanciertes soziales Verhaltensrepertoire lässt sich neben dem Beruf ebenso im privaten Umfeld einsetzen. Hier kommt das gleiche „Skill Set" zum Tragen.
Die Erbringung beruflicher Höchstleistungen erfordert die Trias des Wollens, Könnens und Dürfens: der *Wille* nach persönlicher Weiterentwicklung sowie das *Dürfen* in Form eines betrieblichen Spielfeldes, welches das Ausleben der Soft Skills zulässt. Beides allein reicht noch nicht: essentiell ist das *Können*, sind also die Fähigkeiten, und hier primär die aus dem Bereich der Soft Skills.

Literaturhinweise

Brenner, Doris & Brenner, Frank (2004): *Self Assessment.* Haufe Verlag, Freiburg im Breisgau.

Cooper, Robert K. & Sawaf, Ayman (1997): *EQ. Emotionale Intelligenz für Manager.* Heyne Verlag, München.

Dölz, Susanne (2003): *Sich durchsetzen.* Haufe Verlag, Freiburg im Breisgau.

Erpenbeck, John & von Rosenstiel, Lutz (2003): *Handbuch Kompetenzmessung.* Schaeffer-Poeschel Verlag, Stuttgart.

Faerber, Yvonne & Stöwe, Christian (2004): *Mitarbeiter führen.* Haufe Verlag, Freiburg im Breisgau.

Fehlau, Eberhard G. (2000): *Konflikte im Beruf.* STS Verlag, Planegg.

Goleman, Daniel (1999): *EQ2. Der Erfolgsquotient.* Hanser Verlag, München.

Gramm, Christof (2005): *Argumentieren.* Haufe Verlag, Freiburg im Breisgau.

Herrmann, Britta (2001): *Soft Skills.* Falken Verlag, Niedernhausen im Taunus.

Heyse, Volker & Erpenbeck, John (2004): *Kompetenztraining.* Schaeffer-Poeschel Verlag, Stuttgart.

Höher, Peter & Höher, Frederike (2000): *Konfliktmanagement.* Haufe Verlag, Freiburg im Breisgau.

Krüger, Wolfgang (2000): *Teams führen.* STS Verlag, Planegg.

Mühleisen, Stefan & Oberhuber, Nadine (2005): *Soft Skills.* Haufe Verlag, Freiburg im Breisgau.

Niermeyer, Rainer & Postall, Nadia (2003): *Führen.* Haufe Verlag, Freiburg im Breisgau.

Niermeyer, Rainer (2001): *Motivation.* Haufe Verlag, Freiburg im Breisgau.

Niermeyer, Rainer (2003): *Coaching.* Haufe Verlag, Freiburg im Breisgau.

Nöllke, Matthias (2000): *Konflikte mit Kollegen und Chefs.* Haufe Verlag, Freiburg im Breisgau.

Reiter Michael A. (2002): *Ihre Ausstrahlung.* Haufe Verlag, Freiburg im Breisgau.

Rudolph, Ulrike (2004): *Networking.* Haufe Verlag, Freiburg im Breisgau.

Schulz von Thun, Friedemann (1981): *Miteinander Reden.* Bd.1, Rowohlt, Reinbek bei Hamburg.

Steck, Sabrina (2005): *Persönlichkeit.* Haufe Verlag, Freiburg im Breisgau.

Watzlawick, Paul (1969): *Menschliche Kommunikation.* Huber Verlag, Bern

Wurzer, Jörg (2000): *30 Minuten für die richtigen Kontakte im Beruf.* Gabal-Verlag, Stuttgart.

Stichwortverzeichnis